세종 이도의 눈물

훈민정음 해례

원작 세종 이도、臣下
해석 김 허균

☞ 후원계좌 : 저자 김헌균
농협(김헌균) : 356-0606-4314-73

세종 이도의 눈물 (증보판)

초 판 발행 2020년 11월 11일
증보판 발행 2021년 11월 07일 (음력, 10월 3일 개천절)

편저자 김 헌 균
펴낸이 정 명 자

펴낸곳 도서출판 길동무
주 소 04559 서울시 중구 마른내로12길 7-4, 1002호
전 화 010-6537-6869
팩 스 02)2277-6869, 031)474-6868
E-mail hanlimdang13@naver.com
등 록 300-2011-46
ISBN 978-89-97766-92-5 13700

정 가 12,000원

천문과 수리를 거스른 한글

一、가림토문자 ×ㅋㅇㄱㅁㅁㄴ△ㅈㅊ合仚ㅎㅅMPㄹH
정음38자 Hㅿㅋㅊㅅㅠㅍㅍㅍ(27자)
ㆍㅡㅣㅗㅏㅜㅓㅛㅑㅠㅕ(11자)

二、훈민정음 ㄱㅋㆁ ㄷㅌㄴ ㅂㅍㅁ ㅈㅊㅅㆆㅎㅇㄹㅿ(17)
28자 ㆍㅡㅣㅗㅏㅜㅓㅛㅑㅠㅕ(11)

三、한 글 ㄱㄴㄷㄹㅁㅂㅅㅇ ㅈㅊㅋㅌㅍㅎ(14)
24자 ㅏㅑㅓㅕㅗㅛㅜㅠㅡㅣ(10)

일제 五二七年 조선어학회에 의해 망가진 한글
순서를 바로잡아야 한다

大韓國人이 죽기전에 꼭 한번은 읽어야할
訓民正音 여기 이땅에 삼가 올려 드립니다

一九九五年 一月 二十一日

靈山堂 金許均

신시 배달국 초대 천황은 신지 혁덕이 지어올린 녹두문을
받아 기뻐하셨고, 五代 태우의 천황의 열두번째 아드님
태호 복희님은 음양 오행과 천부 우행을 터득하셔서
팔괘를 지으셨으니 고조선에 이르러 가륵 단군께서

상황을 보옥에게 명하셔 정음 상십팔자를 만드셨다.
행촌 이암이 단군세기에 전하니 가림토 문자이다.
선지 혁덕의 문자를 신지문자라 하나, 외국에 전하여
시피 문자라 하며 중요한 제례의식에 오늘날에도
부적 혹은 지에서 제 올리는 재수 분재로 전한다.
정인지가 밝힌 바 "字倣古篆" 즉 "옛글자를 본떠서
만들었으니 이를 訓民正音이라 한다."
태호 복희의 음양의 진리가 육두문, 가림토 문자에
훈민정음에 오로지 녹아 있으니 하늘과 땅이 저절로

저리도 조화를 이루었음이라, 한자·한획 음양과 오행
철분 수리에 어긋남이 없도다.
선조대왕의 손자이신 낭선군께서는 "옛날에 태호 복희
씨가 처음 우리 문자를 만들었다 했으며, 상고문자는
모두 신시배달국에서 만들어 졌다"하였다.
또한 최만리의 상소문에서 "언문은 모두 옛글자에서
근본하고 새로 만든 글자가 아니라 라고 하시오나"
따져 물으니 훈민정음이 상고문자를 활용하였음을
자명하게 밝히신 세종대왕의 말씀이 계셨기 때문

이자、신시 배달국의 녹두문、고조선의 가림토문자
는 훈민정음의 모태이며 우리 선조들의 유전자와
같으시니、훈민정음은 한자 한자 춘추에 잊지 않고는
그 기쁨을 감출 길이 없음이라、

우주의 진리가 여기 훈민정음에 녹아
들어 오늘 하늘은 무혼에서 밝혀
삼가 아뢰나이다、

一九九五年 一月 二十一日

雲山堂 許均

우리 문자의 집대성으로 탄생한 훈민정음

역사책 자료 그 사료와 사실

조선왕조 실록 권三、一、二、

一、훈민정음 정인지의 서문 ○字倣古篆

二、최만리의 상소와 세종의 선대 글자에 대한 언급

○언문은 모두 옛글자에서 따왔으며 새로 만든 글자가 아니라 하시오니

三、이덕무 고전을 본따서 만들었다

四 성현 용재총화 ○범자에서 기인한다

五、성호 이익。 몽골문자에서 연원하였다.

六、이계 홍양호。천문 二十八宿설

七、한결 김윤경。 동광잡지 선대문자 9가지설

八、권덕규 (왕문문、신지비사、고구려문자、백제、발해문자、태양안、누두
각문문、가림토문)

九、권문해 대동운부군옥 신지문자

十、태백일사 신지문자 (일십당 이맥)

十一、고려 김위제 신지비사

十二、조선초 양촌 권근 신지비사

十三、신채호、천관우、김윤경 ○발해문자

양귀비、당현종、화관고려사(이태백외전、등기록

十四 변수고(평양) 신지비사

十五、낭성군 ○태호 복희의 최초 문자 제작설

비밀이 밝혀 지다

一九九五年 十二月 一日

靈山堂 金許均

訓民正音

訓民正音

國之語音。異乎中國。與文字
不相流通。故愚民。有所欲言
而終不得伸其情者。多矣。予
爲此憫然。新制二十八字。欲
使人人。易習。便於日用耳

ㄱ。牙音。如君字初發聲

백성을 가르치는 바른 소리

나랏말 소리가 중국과 달라 문자로 서로 통하지
못한다。이런 까닭에 어리석은 백성들이 말하고
싶어도 그 뜻을 이루지 못하는 자가 많다。
내가 이것을 가엽게 여겨 새로 스물 여덟 글자를
만드니 사람들이 쉽게 배워서 날마다 쓰는데
편하게 하고자 할 따름이다

ㄱ。기윽은 어금닛 소리이며 군자의 첫소리
와 같다。

竝書。如虯字初發聲

ㅋ。牙音。如快字初發聲

ㆁ。牙音。如業字初發聲

ㄷ。舌音。如斗字初發聲

竝書。如覃字初發聲

ㅌ。舌音。如呑字初發聲

ㄴ。舌音。如那字初發聲

ㄱ。을 나란히 쓰면 뀨 자의 첫소리와 같다

ㅋ。은 어금닛소리 이며 쾌 자의 첫소리와 같다

ㆁ。은 아음이니 어금닛 소리 업자의 첫소리와
같다

ㄷ。은 혓소리로 두 자의 첫소리와 같고 나란히 쓰면
땀 자의 첫소리와 같다

ㅌ。은 설음이니 혓소리로 탄 자의 첫소리와 같다

ㄴ。은 혓소리로 나 자의 첫소리와 같다

ㅂ。脣音。如彆字初發聲

並書。如步字初發聲

ㅍ。脣音。如漂字初發聲

ㅁ。脣音。如彌字初發聲

ㅈ。齒音。如卽字初發聲

並書。如慈字初發聲

ㅊ。齒音。如侵字初發聲

ㅂ은 脣音이니 如彆[**볃**]字初發聲하고 並書하면 如步[**뽀**]字初發聲하니라.
순음　　여별　자초발성　　병서　　여보　자초발성

ㅂ(비읍)은 입술소리로 '**볃**(彆)'자의 첫소리와 같고 나란히 쓰면 '**뽀**(步)'자의 첫소리와 같다.

ㅍ은 脣音이니 如漂[**표**]字初發聲하니라.
순음　　여표　자초발성

ㅍ(피읖)은 입술소리로 '**표**(漂)'자의 첫소리와 같다.

ㅁ은 脣音이니 如彌[**미**]字初發聲하니라.
순음　　여미　자초발성

ㅁ(미음)은 입술소리로 '**미**(彌)'자의 첫소리와 같다.

ㅈ은 齒音이니 如即[**즉**]字初發聲하고 並書하면 如慈[**쯔**]字初發聲하니라.
치음　　여즉　자초발성　　병서　　여자　자초발성

ㅈ(지읒)은 잇소리로 '**즉**(即)'자의 첫소리와 같고 나란히 쓰면 '**쯔**(慈)'자의 첫소리와 같다.

ㅊ은 齒音이니 如侵[**침**]字初發聲하니라.
치음　　여침　자초발성

ㅊ(치읓)은 잇소리로 '**침**(侵)'자의 첫소리와 같다.

ㅅ。齒音。如戌字初發聲

並書。如邪字初發聲

ㆆ。喉音。如挹字初發聲

ㅎ。喉音。如虛字初發聲

並書。如洪字初發聲

ㅇ。喉音。如欲字初發聲

ㄹ。半舌音。如閭字初發聲

ㅅ 은 齒音이니 如戌[슈ᇙ]字初發聲하고 並書하면 如邪[쌰]字初發聲하니라.
순음　　여술　　자초발성　　병서　　여사　　자초발성

ㅅ(시옷)은 잇소리로 ‘슈ᇙ(戌)’자의 첫소리와 같고 나란히 쓰면 ‘쌰(邪)’자의 첫소리와 같다.

ㆆ 은 喉音이니 如挹[ᅙᅳᆸ]字初發聲하니라.
후음　　여흡　　자초발성

ㆆ(여린히읗)은 목구멍소리로 ‘ᅙᅳᆸ(挹)’자의 첫소리와 같다.

ㅎ 은 喉音이니 如虛[허]字初發聲하고 並書하면 如洪[ᅘᅩᆼ]字初發聲하니라.
후음　　여허　　자초발성　　병서　　여사　　자초발성

ㅎ(히읗)은 목구멍소리로 ‘허(虛)’자의 첫소리와 같고 나란히 쓰면 ‘ᅘᅩᆼ(洪)’자의 첫소리와 같다.

ㅇ 은 喉音이니 如欲[욕]字初發聲하니라.
후음　　여욕　　자초발성

ㅇ(이응)은 목구멍소리로 ‘욕(欲)’자의 첫소리와 같다.

ㄹ 은 半舌音이니 如閭[려]字初發聲하니라.
반설음　　여려　　자초발성

ㄹ(리을)은 반혓소리로 ‘려(閭)’자의 첫소리와 같다.

ㅿ。半齒音。如穰字初發聲

ㆍ。如呑字中聲

ㅡ。如即字中聲

ㅣ。如侵字中聲

ㅗ。如洪字中聲

ㅏ。如覃字中聲

ㅜ。如君字中聲

ㅿ은 半齒音이니 如穰[ᅀᅣᇰ]字初발聲하니라.
반치음　　여술　　자초발성

ㅿ(여린시옷)은 반잇소리로 '양(穰)'자의 첫소리와 같다.

ㆍ는 如呑[ᄐᆞᆫ]字中聲하니라.
여탄　　자중성

ㆍ(아래아)는 'ᄐᆞᆫ(呑)'자의 가운뎃소리와 같다.

ㅡ는 如卽[즉]字中聲하니라.
여즉　　자중성

ㅡ(으)는 '즉(卽)'자의 가운뎃소리와 같다.

ㅣ은 如侵[침]字中聲하니라.
여침　　자중성

ㅣ(이)는 '침(侵)'자의 가운뎃소리와 같다.

ㅗ는 如洪[ᅘᅩᇰ]字中聲하니라.
여홍　　자중성

ㅗ(오)는 'ᅘᅩᇰ(洪)'자의 가운뎃소리와 같다.

ㅏ는 如覃[땀]字中聲하니라.
여담　　자중성

ㅏ(아)는 '땀(覃)'자의 가운뎃소리와 같다.

ㅜ는 如君[군]字中聲하니라.
여군　　자중성

ㅜ(우)는 '군(君)'자의 가운뎃소리와 같다.

ㅓ。如業字中聲
ㅛ。如欲字中聲
ㅑ。如穰字中聲
ㅠ。如戌字中聲
ㅕ。如彆字中聲
終聲復用初聲。ㅇ連書脣音
之下。則爲脣輕音。初聲合用

ㅓ는 如業[업]字中聲하니라.
여업 자중성

ㅓ(어)는 '업(業)'자의 가운뎃소리와 같다.

ㅛ는 如欲[욕]字中聲하니라.
여욕 자중성

ㅛ(요)는 '욕(欲)'자의 가운뎃소리와 같다.

ㅑ는 如穰[ᅀᅣᇰ]字中聲하니라.
여양 자중성

ㅑ(야)는 'ᅀᅣᇰ(穰)'자의 가운뎃소리와 같다.

ㅠ는 如戌[슗]字中聲하니라.
여술 자중성

ㅠ(유)는 '슗(戌)'자의 가운뎃소리와 같다.

ㅕ는 如彆[벼ᇙ]字中聲하니라.
여욕 자중성

ㅕ(여)는 '벼ᇙ(彆)'자의 가운뎃소리와 같다.

終聲復用初聲하니라. ○連書脣音之下하면 則爲脣輕音이니라.
종성복용초성 연서순음지하 즉위순경음

끝소리는 첫소리를 다시 쓴다. '○'을 입술소리의 아래에 이어 쓰면 입술가벼운소리(순경음: ᄝ ᄫ ᄬ ᅗ)가 된다.

則並書。終聲同。ㆍㅡㅗㅜㅛ
ㅠ。附書初聲之下。ㅣㅏㅓㅑ
ㅕ。附書於右。凡字必合而成
音。左加一點則去聲。二則上
聲。無則平聲。入聲加點同而
促急

初聲合用則並書하고 終聲同하니라.
초성합용즉병서 종성동

첫소리를 합쳐 쓰려면 나란히 쓰고, 끝소리도 같은 방식으로 쓴다.

ㆍㅡㅗㅜㅛㅠ는 附書初聲之下하고 ㅣㅏㅓㅑㅕ는 附書於右하니라.
부서초성지하 부서어우

'ㆍ, ㅡ, ㅗ, ㅜ, ㅛ, ㅠ'는 첫소리 아래에 붙여 쓰고, 'ㅣ, ㅏ, ㅓ, ㅑ, ㅕ'는 오른쪽에 붙여 쓴다.

凡字必合而成音하니라.
범자필합이성음

모든 글자는 반드시 합해져서 음절을 이룬다.

左加一點則去聲이고 二則上聲이요 無則平聲이니라.
좌가일점즉거성 이즉상성 무즉평성

왼쪽에 점 하나를 붙이면 거성이고 점이 둘이면 상성이고 없으면 평성이다.

入聲加點同而促急이니라.
입성가점동이촉급

입성은 점을 붙이는 것은 같은데 (소리가) 매우 빠르다.

訓民正音解例

制字解

天地之道。一陰陽五行而已。坤復
之間爲太極。而動靜之後爲陰陽
凡有生類在天地之間者。捨陰陽
而何之。故人之聲音。皆有陰陽之
理。顧人不察耳。今正音之作。初非
智營而力索。但因其聲音而極其

訓民正音解例
훈민정음해례

제자해(制字解)

天地之道는 一陰陽五行而已니라.
천지지도　일음양오행이이

하늘과 땅의 원리는 오로지 음양오행 일 뿐이다.

坤復之間爲太極이요, 而動靜之後爲陰陽이니라.
곤복지간위태극　이동정지후위음양

곤(坤)괘와 복(復)괘 사이가 태극이 되고, (태극이) 움직였다 멈춘 후 음양이 된다.

凡有生類在天地之間者가 捨陰陽而何之리오.
범유생류재천지지간자　사음양이하지

故人之聲音이 皆有陰陽之理이나 顧人不察耳니라.
고인지성음이 개유음양지리　와인불찰이

무릇 하늘과 땅 사이에 살아 있는 것들이 음양을 버리면 어떻게 될 것인가? 그러므로 사람의 소리에도 음양의 이치가 있는데 사람이 깨닫지 못할 뿐이다.

今正音之作은 初非智營而力索이요 但因其聲音而極其理而已니라.
금정음지작　초비지영이력색　단인기성음이극기리이이

지금 바른소리(正音)를 만든 것은 애초에 지혜를 짜내어 억지로 구한 것이 아니다. 다만 그 소리의 원리에 따라 이치를 다했을 뿐이다.

理而已。理既不二。則何得不與天
地鬼神同其用也。正音二十八字。
各象其形而制之。初聲凡十七字。
牙音ㄱ。象舌根閉喉之形。舌音ㄴ。
象舌附上腭之形。脣音ㅁ。象口形。
齒音ㅅ。象齒形。喉音ㅇ。象喉形。ㅋ
比ㄱ。聲出稍厲。故加畫。ㄴ而ㄷ。ㄷ
而ㅌ。ㅁ而ㅂ。ㅂ而ㅍ。ㅅ而ㅈ。ㅈ而

理既不二니 則何得不與天地鬼神同其用也리오.
이기불이　　즉하득불여천지귀신동기용야

正音二十八字는 各象其形而制之니라.
정음이십팔자　　각상기형이제지

원리란 본래 둘이 아니므로 어찌 천지귀신(천지신명)과 그 작용을 같이 하지 않겠는가? 바른소리 스물여덟 자는 각각 그 형태(발음기관·발음작용·천지인)를 본떠 만들었다.

初聲凡十七字니라. 牙音ㄱ은 象舌根閉喉之形이니라. 舌音ㄴ은 象舌附上齶之
초성범십칠자　　아음　　상설근폐후지형　　설음　　상설부상악지

形이니라. 脣音ㅁ은 象口形이니라. 齒音ㅅ은 象齒形이니라.
형　　순음　　상구형　　치음　　상치형

喉音ㅇ은 象喉形이니라. ㅋ比ㄱ, 聲出稍厲하니 故加畫이니라.
후음　　상후형　　비　　성출초려　　고가획

첫소리는 열입곱 자이다. 어금닛소리 'ㄱ'은 혀뿌리가 목구멍을 닫는 형태를 본뜬 것이다. 혓소리 'ㄴ'은 혀가 윗잇몸에 붙는 형태를 본떴다. 입술소리 'ㅁ'은 입모양을 본뜨고, 잇소리 'ㅅ'은 치아 모양을 본뜨고, 목구멍소리 'ㅇ'은 목구멍 모양을 본뜬 것이다. 'ㅋ'은 'ㄱ'에 비하여 소리가 세게 나므로 획을 더했다.

ㄴ而ㄷ, ㄷ而ㅌ, ㅁ而ㅂ, ㅂ而ㅍ, ㅅ而ㅈ,
　이　　이　　이　　이　　이

'ㄴ'에서 'ㄷ', 'ㄷ'에서 'ㅌ', 'ㅁ'에서 'ㅂ', 'ㅂ'에서 'ㅍ', 'ㅅ'에서 'ㅈ',

大。ㅇ而ㆆ。ㆆ而ㅎ。其因聲加畫之
義皆同。而唯ㆁ爲異。半舌音ㄹ。半
齒音ㅿ。亦象舌齒之形而異其體。
無加畫之義焉。夫人之有聲本於
五行。故合諸四時而不悖。叶之五
音而不戾。喉邃而潤。水也。聲虛而
通。如水之虛明而流通也。於時爲
冬。於音爲羽。牙錯而長。木也。聲似

ㅈ而ㅊ, ㅇ而ㆆ, ㆆ而ㅎ, 其因聲加畫之義皆同이나 而唯ㆁ爲異니라.
이 이 이 기인성가획지의개동 이유 위이

'ㅈ'에서 'ㅊ', 'ㅇ'에서 'ㆆ', 'ㆆ'에서 'ㅎ'이 됨에 있어서, 그 소리에 획을 더한 의미는 모두 같지만 오직 'ㆁ'만은 다르다.

半舌音ㄹ, 半齒音ㅿ, 亦象舌齒之形而異其體이나 無加畫之義焉이라.
반설음 반치음 역상설치지형이이기체 무가획지의언

반혓소리 'ㄹ'과 반잇소리 'ㅿ' 또한 혀와 이의 형태[形]를 본떴지만 그 드러난 모양[體]이 달라, 획을 더한 의미는 없다.

夫人之有聲은 本於五行이니라. 故合諸四時而不悖하며
부인지유성 본어오행 고합제사시이불패

叶之五音而不戾니라.
협지오음이불태

무릇 사람의 소리는 오행에 뿌리를 두고 있다. 사계절에 맞춰보아도 벗어나지 않고, 오음에 맞춰보아도 틀리지 않는다.

喉邃而潤이니 水也니라. 聲虛而通이니 如水之虛明而流通也니라.
후수이윤 수야 성허이통 여수지허명이유통야

於時爲冬이요 於音爲羽니라.
어시위동 어음위우

목구멍은 깊은 곳에 있고 젖었으니 (오행 중) '물(水)'에 해당된다. 소리는 비어 있으나 통하므로 들여다보이는 물과 같고 흘러서 통하는 것과 같다. 계절로는 '겨울'이고 소리(오음) 중에는 '우(羽)'에 속한다.

牙錯而長이니 木也니라.
아착이장 목야

어금니는 어긋나고 길어서 '나무(木)'에 해당된다.

喉而實。如木之生於水而有形也。
於時為春。於音為角。舌銳而動。火
也。聲轉而颺。如火之轉展而揚揚
也。於時為夏。於音為徵。齒剛而斷
金也。聲屑而滯。如金之屑瑣而鍛
成也。於時為秋。於音為商。脣方而
合。土也。聲含而廣。如土之含蓄萬
物而廣大也。於時為季夏。於音為

聲似喉而實이니 如水之生於水而有形也니라.
성사후이실 여수지생어수이유형야

於時爲春이요 於音爲角이니라.
어시위춘 어음위각

어금닛소리는 목구멍소리와 비슷하되 실체가 있으므로 나무가 물에 의해 자라나서 형체가 있는 것과 같다. 계절로는 '봄'이고 소리(오음) 중에는 '각(角)'에 속한다.

舌銳而動이니 火也니라. 聲轉而颺은 如火之轉展而揚揚也니라.
설예이동 화야 성전이양 여화지전전이양양야

於時爲夏요 於音爲徵니라.
어시위하 어음위치

혀는 날카롭고 움직이므로 '불(火)'이다. 혓소리가 구르고 날리니 불이 이글거리며 타는 것과 같다. 계절로는 '여름'이고 소리(오음) 중에는 '치(徵)'에 속한다.

齒剛而斷이니 金也니라. 聲屑而滯하니 如金之屑瑣而鍛成也니라.
치강이단 금야 성설이체 여금지설쇄이단성야

於時爲秋요 於音爲商이니라.
어시위추 어음위상

이는 단단하고 끊으므로 '쇠(金)'에 해당된다. 잇소리가 부스러지면서 모아지는 것은 쇳가루가 단련되어 쇠가 되는 것과 같다. 계절로는 '가을'이고 소리(오음) 중에는 '상(商)'에 속한다.

脣方而合이니 土也니라. 聲含而廣이니 如土之含蓄萬物而廣大也니라.
순방이합 토야 성함이광 여토지함축만물이광대야

於時爲季夏요 於音爲宮이니라.
어시위계하 어음위궁

입술은 사각형이 합해지니 '흙(土)'에 해당된다. 입술소리는 머금으면서 넓으니 흙이 만물을 감싸고 광대한 것과 같다. 계절로는 '늦여름'이고 소리(오음) 중에는 '궁(宮)'에 속한다.

宮然水乃生物之源。火乃成物之
用。故五行之中。水火為大。喉乃出
聲之門。舌乃辨聲之管。故五音之
中。喉舌為主也。喉居後而牙次之。
北東之位也。舌齒又次之。南西之
位也。脣居末。土無定位而寄旺四
季之義也。是則初聲之中。自有陰
陽五行方位之數也。又以聲音淸

然水乃生物之源이요 火乃成物之用이니 故五行之中에 水火爲大니라.
연수내생물지원　　화내성물지용　　고오행지중　수화위대

물은 만물이 태어나는 근원이고 불은 만물이 자라는 데 사용되므로 오행 가운데에서 물과 불이 크다 하겠다.

喉乃出聲之門이요 舌乃辨聲之管이니 故五音之中에 喉舌爲主也니라.
후내출성지문　　설내변성지관　　고오음지중　후설위주야

목구멍[水]은 소리의 문이고 혀[火]는 소리를 분별하는 기관이기 때문에 오음 가운데 목구멍소리와 혓소리가 주가 된다.

喉居後而牙次之하니 北東之位也니라. 舌齒又次之하니 南西之位也니라.
후거후이아차지　　북동지위야　　설치우차지　　남서지위야

목구멍은 뒤에, 어금니는 그 앞에 있으니 북쪽과 동쪽에 있다고 하겠고, 혀와 이는 또한 그 앞에 있으니 남쪽과 서쪽에 있다고 하겠다.

脣居末하니 土無定位而寄旺四季之義也니라.
순거말　　토무정위이기왕사계지의야

입술은 마지막에 있으니, 흙은 정해진 위치가 없어 사계절을 돕는다고 하겠다.

是則初聲之中에 自有陰陽五行方位之數也니라.
시즉초성지중　자유음양오행방위지수야

이런 즉, 첫소리 가운데에도 그 자체에 음양오행 방위의 수가 있다.

濁而言之。ㄱㄷㅂㅈㅅㆆ。為全清。
ㅋㅌㅍㅊㅎ。為次清。ㄲㄸㅃㅉㅆ
ㆅ。為全濁。ㆁㄴㅁㅇㄹㅿ。為不清
不濁。ㄴㅁㅇ。其聲最不厲。故次序
雖在於後。而象形制字則為之始。
ㅅㅈ雖皆為全清。而ㅅ比ㅈ。聲不
厲。故亦為制字之始。唯牙之ㆁ。雖
舌根閉喉聲氣出鼻。而其聲與ㅇ

又以聲音淸濁而言之컨대
우이성음청탁이언지

ㄱㄷㅂㅈㅅㆆ은 爲全淸이요 ㅋㅌㅍㅊㅎ은 爲次淸이니라.
위전청 위차청

또한 성음의 맑기와 탁함에 대해 말하자면 'ㄱ, ㄷ, ㅂ, ㅈ, ㅅ, ㆆ'은 모두맑은소리(全淸, 무성무기음)이고 'ㅋ, ㅌ, ㅍ, ㅊ, ㅎ'은 다음맑은소리(次淸, 무성유기음)가 된다.

ㄲㄸㅃㅉㅆㆅ은 爲全濁이요 ㆁㄴㅁㅇㄹㅿ은 爲不淸不濁이니라.
위전탁 위불청불탁

'ㄲ, ㄸ, ㅃ, ㅉ, ㅆ, ㆅ'은 모두탁한소리(全濁, 유성유기음)이고 'ㆁ, ㄴ, ㅁ, ㅇ, ㄹ, ㅿ'은 맑지도 탁하지도 않은 소리(不淸不濁, 비음·유음·반모음 등의 공명음)이다.

ㄴㅁㅇ은 其聲最不厲이니 故次序雖在於後나 而象形制字則爲之始니라.
기성최불려 고차서수재어후 이상형제자즉위지시

'ㄴ, ㅁ, ㅇ'은 그 소리가 가장 거세지 않으므로 순서는 비록 뒤에 있지만 형태를 본떠(象形) 글자를 만드는 시작(기본)으로 삼았다.

ㅅㅈ雖皆爲全淸이나 而ㅅ比ㅈ 聲不厲이니 故亦爲制字之始니라.
수개위전청 이 비 성불려 고역위제자지시

'ㅅ, ㅈ'은 비록 모두맑은소리이지만, 'ㅅ'이 소리가 거세지 않아 글자를 만드는 시작으로 삼았다.

唯牙之ㆁ은 雖舌根閉喉聲氣出鼻나 而其聲與ㅇ相似이니
유아지 수설근폐후성기출비 이기성여 상사

다만, 어금닛소리 'ㆁ'은 혀뿌리가 목구멍을 막아 소리 기운이 코로 나오지만, 그 소리가 'ㅇ'과 서로 유사하여

相似。故韻書疑與喩多相混用。今
亦取象於喉。而不爲牙音制字之
始。蓋喉屬水而牙屬木。ㆁ雖在牙
而與ㅇ相似。猶木之萌芽生於水
而柔軟。尙多水氣也。ㄱ木之成質。
ㅋ木之盛長。ㄲ木之老壯。故至此
乃皆取象於牙也。全淸竝書則爲
全濁。以其全淸之聲凝則爲全濁

故韻書疑[ㆁ]與喩[ㅇ]多相混用이니라.
고운서의　　여유　　다상혼용

운서에도 'ㆁ'과 'ㅇ'을 서로 혼용하는 경우가 많았다.

今亦取象於喉나 而不爲牙音制字之始니라. 盖喉屬水而牙屬木이니
금역취상어후　이불위아음제자지시　　개후속수이아속목

ㆁ雖在牙而與ㅇ相似하여 猶木之萌芽生於水而柔軟이며 尙多水氣也니라.
수재아이여　상사　　유목지맹아생어수이유연　　상다수기야

(따라서) 지금 (ㆁ자를) 목구멍에서 본떠 만들었으나, 어금닛소리의 글자를 만드는 시작으로 하지 않는다. (이는) 대개 목구멍소리는 (오행 중) 물이고 어금닛소리는 나무에 속하므로 'ㆁ'이 비록 어금닛소리이지만 'ㅇ'과 비슷하여 마치 나무의 싹이 물에서 나와 부드럽고 물의 기운이 많음과 같다.

ㄱ은 木之成質이고 ㅋ은 木之盛長이요
목지성질　　　목지성장

ㄲ은 木之老壯이니 故至此乃皆取象於牙也니라.
목지노장　　고지차내개취상어아야

'ㄱ'은 나무가 바탕을 이룬 것이고 'ㅋ'은 나무가 성장한 것이며 'ㄲ'은 나무가 늙어 굳건해진 것이다. 그러므로 이는 모두 어금니에서 그 모양을 본뜬 것이다.

全淸並書則爲全濁은 以其全淸之聲凝則爲全濁也니라.
전청병서즉위전탁　이기전청지성응즉위전탁야

모두맑은소리(전청)를 나란히 쓰면 모두탁한소리(전탁)가 되는 것은 전청의 소리가 엉기면 (그 결과 느려지면) 전탁이 되기 때문이다.

也。唯喉音次清爲全濁者。蓋以ㆆ
聲深不爲之凝。ㅎ比ㆆ聲淺。故凝
而爲全濁也。ㅇ連書脣音之下。則
爲脣輕音者。以輕音脣乍合而喉
聲多也。中聲凡十一字。ㆍ舌縮而
聲深。天開於子也。形之圓。象乎天
也。ㅡ舌小縮而聲不深不淺。地闢
於丑也。形之平。象乎地也。ㅣ舌不

唯喉音次淸爲全濁者는 盖以ㆆ聲深不爲之凝이요
유후음차청위전탁자 개이 성심불위지응

ㅎ比ㆆ聲淺이니 故凝而爲全濁也니라.
비 성천 고응이위전탁야

오직 목구멍소리의 경우에만 다음맑은소리(차청)가 모두탁한소리(전탁)가 되는데, 그것은 대개 'ㆆ'은 소리가 깊어 엉기지 않고 'ㅎ'은 'ㆆ'보다 소리가 얕아 엉기어 전탁이 되기 때문이다.

ㅇ蓮書脣音之下하면 則爲脣輕音者는 以輕音脣乍合而喉聲多也니라.
연서순음지하 즉위순경음자 이경음순사합이후성다야

'ㅇ'을 입술소리 아래에 이어 쓰면 곧 입술가벼운소리(순경음)가 되는 것은 가벼운 소리는 입술이 잠깐 합쳐지면서 목구멍소리가 많아지기 때문이다.

中聲凡十一字니라. ·舌縮而聲深하여 川開於子也니라.
중성범십일자 설축이성심 천개어자야

形之圓은 象乎天也니라.
형지원 상호천야

가운뎃소리는 모두 열한 자이다. '·'(아래아)는 혀를 오므려서 소리가 깊으니 하늘이 자시(子時)에 열리는 것과 같다(첫 번째로 만들어졌다). 둥근 모양은 하늘을 본뜬 것이다.

ㅡ舌小縮而聲不深不淺이니 地闢於丑也니라. 形之平은 象乎地也니라.
설소축이성불심불천 지벽어축야 형지평 상호지야

'ㅡ'는 혀를 조금 오므려서 소리가 깊지도 얕지도 않으니 땅이 축시(丑時)에 열리는 것과 같다(두 번째로 만들어졌다). 평평한 모양은 땅을 본떴다.

縮而聲淺。人生於寅也。形之立。象
乎人也。此下八聲。一闔一闢。ㅗ與
ㆍ同而口蹙。其形則ㆍ與ㅡ合而
成。取天地初交之義也。ㅏ與ㆍ同
而口張。其形則ㅣ與ㆍ合而成。取
天地之用發於事物待人而成也。
ㅜ與ㅡ同而口蹙。其形則ㅡ與ㆍ
合而成。亦取天地初交之義也ㅓ

ㅣ舌不縮而聲淺하니 人生於寅也니라. 形之立은 象乎人也니라.
설불축이성천 인생어인야 형지평 상호인야

'ㅣ'는 혀를 오므리지 않아 소리가 얕으니 사람이 인시(寅時)에 생긴 것과 같다(세 번째로 만들어졌다). 일어선 모양(ㅣ)은 사람을 본뜬 것이다.

此下八聲은 一闔一闢이니라.
차하팔성 일합일벽

아래의 여덟 소리는 하나가 닫힌(闔, 입술을 둥글게 오므린) 소리(圓脣母音)이면 하나는 열린(闢, 입을 펼쳐 벌린) 소리(非圓脣母音)이다.

ㅗ與ㆍ同而口蹙이며 其形則ㆍ與ㅡ合而成은 取天地初交之義也니라.
여 동이구축 기형즉 여 합이성 취천지초교지의야

'ㅗ'는 'ㆍ'와 같되 입을 오므리는데(闔), 그 모양은 'ㆍ'와 'ㅡ'가 합한 것으로 하늘과 땅이 처음 만난다는 의미를 지녔다.

ㅏ與ㆍ同而口張이며 其形則ㅣ與ㆍ合而成이니
여 동이구장 기형즉 여 합이성
取天地之用發於事物待人而成也니라.
취천지지용발어사물대인이성야

'ㅏ'는 'ㆍ'와 같되 입을 벌리는데(闢), 그 모양은 'ㅣ'와 'ㆍ'가 합한 것으로 하늘과 땅의 작용으로 모은 사물이 나오지만 사람을 기다려 이룬다는 의미를 지녔다.

ㅜ與ㅡ同而口蹙이며 其形則ㅡ與ㆍ合而成은 亦取天地初交之義也니라.
여 동이구축 기형즉 여 합이성 역취천지초교지의야

'ㅜ'는 'ㅡ'와 같되 입을 오므리는데, 그 모양은 'ㅡ'와 'ㆍ'가 합한 것으로 역시 하늘과 땅이 처음 만난다는 의미를 지녔다.

與一同而以張。其形則・與ㅣ合
而成。亦取天地之用義於事物待
人而成也。ㅛ與ㅗ同而起於ㅣ。ㅑ
與ㅏ同而起於ㅣ。ㅠ與ㅜ同而起
於ㅣ。ㅕ與ㅓ同而起於ㅣ。ㅗㅏㅜ
ㅓ始於天地。爲初出也。ㅛㅑㅠㅕ
起於ㅣ而兼乎人。爲再出也。ㅗㅏ
ㅜㅓ之一其圓者。取其初生之義

ㅓ與ㅡ同而口張이며 其形則ㆍ與ㅣ合而成이니
여 동이구장 기형즉 여 합이성

亦取天地之用發於事物待人而成也니라.
역취천지지용발어사물대인이성야

‘ㅓ’는 ‘ㅡ’와 같되 입을 벌리는데, 그 모양은 ‘ㆍ’와 ‘ㅣ’가 합한 것으로 역시 하늘과 땅의 작용으로 모든 사물이 나오지만 사람을 기다려 이룬다는 의미를 지녔다.

ㅛ與ㅗ同而起於ㅣ요 ㅑ與ㅏ同而起於ㅣ니라.
여 동이기어 여 동이기어

ㅠ與ㅜ同而起於ㅣ요 ㅕ與ㅓ同而起於ㅣ니라.
여 동이기어 여 동이기어

‘ㅛ’는 ‘ㅗ’와 같되 ‘ㅣ’에서 시작되고 ‘ㅑ’는 ‘ㅏ’와 같되 ‘ㅣ’에서 시작된다. ‘ㅠ’는 ‘ㅜ’와 같되 ‘ㅣ’에서 시작되고 ‘ㅕ’는 ‘ㅓ’와 같되 ‘ㅣ’에서 시작된다.

ㅗ ㅏ ㅜ ㅓ 始於天地이니 爲初出也니라.
시어천지 위초출야

ㅛ ㅑ ㅠ ㅕ 起於ㅣ而兼乎人이니 爲再出也니라.
기어 이겸호인 위재출야

ㅗ ㅏ ㅜ ㅓ 之一其圓者는 取其初生之義也니라.
지일기원자 취기초생지의야

‘ㅗ, ㅏ, ㅜ, ㅓ’는 하늘과 땅에서 시작하였으니 처음 나온 것(1點)이고, ‘ㅛ, ㅑ, ㅠ, ㅕ’는 ‘ㅣ’에서 이어져 사람을 겸했으니 거듭 나온 것(2點)이다. ‘ㅗ, ㅏ, ㅜ, ㅓ’가 원점(ㆍ)이 하나인 것은 처음에 생겼다는 의미를 지녔다.

也。ㅛㅑㅠㅕ之二其圓者。取其再
生之義也。ㅗㅏㅛㅑ之圓居上與
外者。以其出於天而爲陽也。ㅜㅓ
ㅠㅕ之圓居下與內者。以其出於
地而爲陰也。ㆍ之貫於八聲者。猶
陽之統陰而周流萬物也。ㅛㅑㅠ
ㅕ之皆兼乎人者。以人爲萬物之
靈而能參兩儀也取象於天地人

ㆇ ㅑ ㆊ ㅕ 之二其圓者는 取其再生之義也니라.
지이기원자 취기재생지의야

'ㆇ, ㅑ, ㆊ, ㅕ'가 원점이 두 개(··)인 것은 두 번째로 생겼다는 의미를 지녔다.

ㅗ ㅏ ㆇ ㅑ 之圓居上與外者는 以其出於天而爲陽也니라.
지원거상여외자 이기출어천이위양야

ㅜ ㅓ ㆊ ㅕ 之圓居下與內者는 以其出於地而爲陰也니라.
지원거하여내자 이기출어지이위음야

'ㅗ, ㅏ, ㆇ, ㅑ'의 원점이 위와 바깥(오른쪽)에 있는 것은 하늘에서 나와서 양(陽: 양성모음)이 되기 때문이고, 'ㅜ, ㅓ, ㆊ, ㅕ'의 원점이 아래와 안(왼쪽)에 있는 것은 땅에서 나와서 음(陰: 음성모음)이 되기 때문이다.

· 之貫於八聲者는 猶陽之統陰而周流萬物也니라.
지관어팔성자 유양지통음이주류만물야

'·'가 여덟 소리에 두루 있는 것은 양이 음을 통해 만물에 두루 미침과 같다.

ㆇ ㅑ ㆊ ㅕ 之皆兼乎人者는 以人爲萬物之靈而能參兩儀也니라.
지개겸호인자 이인위만물지영이능참량의야

'ㆇ, ㅑ, ㆊ, ㅕ'가 모두 사람(ㅣ)을 포함한 것은 사람이 만물 중 가장 신령하여 양의(兩儀: 하늘과 땅, 음과 양)에 참여할 수 있기 때문이다.

取象於天地人이니
취상어천지인

하늘과 땅과 사람(天地人)에서 모양을 취했으니,

而三才之道備矣。然三才為萬物之先。而天又為三才之始。猶ㆍㅡㅣ三字為八聲之首。而ㆍ又為三字之冠也。ㅗ初生於天。天一生水之位也。ㅏ次之。天三生木之位也。ㅜ初生於地。地二生火之位也。ㅓ次之。地四生金之位也。ㅛ再生於天。天七成火之數也。ㅑ次之。天九

而三才之道備矣니라. 然三才爲萬物之先이요 而天又爲三才之始하니
이삼재지도비의 연삼재위만물지선 이천우위삼재지시

猶ㆍㅡㅣ三字爲八聲之首하고 而ㆍ又爲三字之冠也니라.
유 삼자위팔성지수 이 우위삼자지관야.

삼재(三才)의 이치를 갖춘 것이다. 그러므로 삼재가 만물의 우선이며 하늘이 삼재의 시작이니 'ㆍ, ㅡ, ㅣ' 세 글자가 여덟 소리의 머리이고 또한 'ㆍ'가 세 글자(ㆍ, ㅡ, ㅣ) 중 으뜸이다.

ㅗ初生於天하니 川一生水之位也니라.
초생어천 천일생수지위야

ㅏ次之하니 天三生木之位也니라.
차지 천삼생목지위야

ㅜ初生於地하니 地二生火之位也니라.
초생어지 지이생화지위야

ㅓ次之하니 地四生金之爲也니라.
차지 지사생금지위야

'ㅗ'는 하늘에서 먼저 생겼으니 하늘의 수(天數)로는 1이고 물을 낳은 자리이다. 'ㅏ'는 그 다음으로 생겼는데 하늘의 수로는 3이고 나무를 낳는 자리이다. 'ㅜ'는 땅에서 처음 생겼는데 땅의 수(地數)로는 2이고 불을 낳는 자리이다. 'ㅓ'는 그 다음으로 생긴 것이니 땅의 수로는 4이고 쇠를 낳는 자리이다.

ㅛ再生於天하니 川七成火之數也니라.
재생어천 천칠성화지수야

ㅑ次之하니 川九成金之數也니라.
차지 천구성금지수야

'ㅛ'는 하늘에서 두 번째로 생겼으니 하늘의 수로는 7이고 불을 이루는 숫자다. 'ㅑ'는 그 다음으로 생겼으니 하늘의 수로는 9이고 쇠를 이루는 숫자다.

成金之數也。ㅠ再生扵地。地六成
水之數也。ㅕ次之。地八成木之數
也。水火未離乎氣。陰陽交合之初。
故闔。木金陰陽之定質。故闢。ㆍ天
五生土之位也。ㅡ地十成土之數
也。ㅣ獨無位數者。蓋以人則無極
之眞。二五之精。妙合而凝。固未可
以定位成數論也。是則中聲之中。

ㅠ再生於地하니 地六成水之數也니라. ㅕ次之하니 地八成木之數也니라.
재생어지 지육성수지수야 차지 지팔성목지수야

'ㅠ'는 땅에서 두 번째로 생겼으니 땅의 수로는 6이고 물을 이루는 숫자다. 'ㅕ'는 그 다음으로 생겼으니 땅의 수로는 8이고 나무를 이루는 숫자다.

水火未離乎氣하여 陰陽交合之初하니 故闔이니라.
수화미리호기 음양교합지초 고합

木金陰陽之定質이니 故闢이니라.
목금음양지정질 고벽

물(ㅗ, ㅠ)과 불(ㅜ, ㅛ)은 아직 기(氣)에서 벗어나지 못하여 음과 양이 서로 교합하는 시초로 오므리게 되고(원순모음이 되고), 나무(ㅏ, ㅕ)와 쇠(ㅓ, ㅑ)는 음양이 바탕을 고정하였으니 열리게 된다(비원순모음 즉, 평순모음이 된다.)

・天五生土之位也니라. ㅡ地十成土之數也니라.
천오생토지위야 지십성토지수야

'・'는 하늘의 수로는 5이고 흙을 낳는 자리이다. '・'는 땅의 수로는 10이고 흙을 이루는 숫자다.

獨無位數者는 盖以人則無極之眞이고 二五之精이요
독무위수자 개이인즉무극지진 이오지정

妙合而凝이니 固未可以定位成數論也니라. 是則中聲之中에
묘합이응 고미가이정위성수론야 시즉중성지중

'ㅣ'에만 해당되는 자릿수가 없는 것은 대개 사람은 무극(無極)의 핵심으로 음양오행의 정기(二五之精)가 신묘하게 섞이어 본디 정해진 자리나 이루는 숫자를 논할 수 없기 때문이다. 이는 곧 가운뎃소리 중에도

亦自有陰陽五行方位之數也以
初聲對中聲而言之。陰陽。天道也。
剛柔地道也。中聲者。一深一淺一
闔一闢。是則陰陽分而五行之氣
具焉。天之用也。初聲者。或虛或實
或颺或滯或重若輕。是則剛柔著
而五行之質成焉。地之功也。中聲
以深淺闔闢唱之於前。初聲以五

亦自有陰陽五行方位之數也니라.
역자유음양오행방위지수야

또한 음양, 오행, 방위의 자릿수가 있음이다.

以初聲對中聲而言之하면 陰陽은 天道也요 剛柔는 地道也니라.
이초성대중성이언지 음양 천도야 강유 지도야

첫소리 대 가운뎃소리로써 말하자면 음양은 하늘의 이치이고 강유(剛柔)는 땅의 이치다.

中聲者는 一深一淺一闔一闢하고
중성자 일심일천일합일벽

是則陰陽分而五行之氣具焉이니 天之用也니라.
시즉음양분이오행지기구언 천지용야

가운뎃소리는 하나가 깊으면 다른 하나는 얕고 하나가 오므리면 다른 하나는 펼친다. 이는 곧 음양으로 나뉘어 오행의 기운이 갖추어지는 것이니 하늘의 작용이다.

初聲者는 或虛或實或颺或滯或重若경輕하고
초성자 혹허혹실혹양혹체혹중약경

是則剛柔著而五行之質成焉이니 地之功也니라.
시즉강유저이오행지질성언 지지공야

첫소리는 어떤 것은 비고(虛, 후음) 어떤 것은 차고(實, 아음) 어떤 것은 날리고(颺, 설음) 어떤 것은 엉기고(滯, 치음) 어떤 것은 무겁고(重, 순중음) 어떤 것은 가볍다(輕, 순경음) 이는 곧 강하고 부드러움이 드러나 오행이 바르게 이루어진 것(質成)이니 땅이 작용한 것이다.

中聲以深淺闔闢唱之於前하고
중성이심천합벽창지어전

가운뎃소리가 깊게, 얕게, 오므리고, 펼치면서 앞에서 소리를 내면

音清濁知之於後。而為初亦為終。
亦可見萬物初生於地。復歸於地
也。以初中終合成之字。言之。亦有
動靜互根陰陽交變之義焉。動者
天也。靜者地也。兼乎動靜者人也。
蓋五行在天則神之運也。在地則
質之成也。在人則仁禮信義智神
之運也。肝心脾肺腎質之成也。初

初聲以五音淸濁和之於後이니 而爲初亦爲終이니라.
초성이오음청탁화지어후 이위초역위종이

첫소리는 오음(아음, 설음, 순음, 치음, 후음)의 맑은소리나 탁한소리로 뒤에서 화답하니 첫소리는 다시 끝소리가 되기도 하는 것이다.

亦可見萬物初生於地하여 復歸於地也니라.
역가견만물초생어지 복귀어지야

이는 또한 만물이 땅에서 나와 다시 땅으로 돌아가는 이치와 같다.

以初中終合成之字言之니 亦有動靜互根陰陽交變之義焉이니라.
이초중종합성지자언지 역유동정호근음양교변지의언이

첫소리와 가운뎃소리와 끝소리가 어울려 글자를 이루는데 이것에 대해 말하자면 또한 움직임과 멈춤이 서로 뿌리가 되어 음과 양이 서로 바뀐다는 의미다.

動者는 天也고 靜者는 地也요 兼乎動靜者는 人也니라.
동자 천야 정자 지야 겸호동정자 인야

盖五行在天則神之運也요 在地則質之成也니라.
개오행재천즉신지운야 재지즉질지성야

움직이는 것은 하늘(초성, 첫소리)이고 멈춰 있는 것은 땅(종성, 끝소리)이며 움직임과 멈춤을 겸한 것은 사람(중성, 가운뎃소리)이다. 대개 오행은 하늘에 있은 즉 신께서 움직이는 것이고 땅에 있은 즉 바탕이 이루어지는 것이다.

在人則仁禮信義智神之運也요 肝心脾肺腎質之成也니라.
재인즉인예신의지신지운야 간심비폐신질지성야

사람의 경우라면 '어짊, 예의, 믿음, 의로움, 지혜'가 (하늘이니) 신의 운행이고 '간장, 심장, 비장, 폐장, 신장'은 (땅이니) 바탕을 이루는 것이다.

聲有發動之義。天之事也。終聲有
止定之義。地之事也。中聲承初之
生。接終之成。人之事也。盖字韻之
要。在於中聲。初終合而成音。亦猶
天地生成萬物。而其財成輔相則
必賴乎人也。終聲之復用初聲者。
以其動而陽者乾也。靜而陰者亦
乾也。乾實分陰陽而無不君宰也。

初聲有㢺動之義하니 天之事也니라.
초성유발동지의 천지사야

終聲有止定之義하니 地之事也니라.
종성유지정지의 지지사야

中聲承初之生하고 接終之成하니 人之事也니라.
중성승초지생 접종지성 인지사야

盖字韻之要는 在於中聲이요 初終合而成音이니라.
개자운지요 재어중성 초종합이성음

첫소리는 일어나 움직임(㢺動)의 뜻이 있으니 하늘의 일이다. 끝소리는 그치고 머무름(止定)의 뜻이 있으니 땅이 하는 일이다. 가운뎃소리는 첫소리를 생기게 하고 이어서, 끝소리를 이루어지게 하여 서로 붙게 하니 사람이 하는 일이다. 대개 글자 소리의 핵심은 가운뎃소리에 있으니 첫소리와 끝소리를 어울러 음절을 이룬다.

亦猶天地生成萬物이나 而其財成輔相則必賴乎人也니라.
역유천지생성만물 이기재성보상즉필뢰호인야

이는 또한 하늘과 땅이 만물을 생성하지만, 그것이 쓸모 있도록 돕는 것(財成輔相)은 반드시 사람에게 힘입음과 같다.

終聲之復用初聲者는 以其動而陽者乾也요
종성지복용초성자 이기동이양자건야

靜而陰者亦乾也이니 乾實分陰陽而無不君宰也니라.
정이음자역건야 건실분음양이무불군재야

끝소리에 첫소리를 다시 쓰는 것은 그것이 움직여 양이 된 것도 하늘(乾)이고 멈추어 음이 된 것도 하늘이니, 하늘은 실로 음양으로 나뉘어 주재하여 다스리지 않음이 없기 때문이다.

一元之氣。周流不窮。四時運之循
環無端。故貞而復元。冬而復春。初
聲之復爲終。終而聲之復爲初。亦此
義也。呀。正音作而天地萬物之理
咸備。其神矣哉。是殆天啓
聖心而假手焉者乎。訣曰
天地之化本一氣
陰陽五行相始終

一元之氣는 周流不窮하고 四時之運은 循環無端이니
일원지기　　주류불궁　　사시지운　　순환무단

故貞而復元하고 冬而復春하니라.
고정이부원　　동이복춘

初聲之復爲終하고 終聲之復爲初하니 亦此義也니라.
초성지복위종　　종성지복위초　　역차의야

하나의 기운(一元之氣)이 두루 흘러 다함이 없고 사계절의 운행이 순환하면서 끝이 없으나, 만물의 거둠(貞)에서 다시 만물의 시초(元)가 되고 겨울이 다시 봄이 되는 것이다. 첫소리가 다시 끝소리가 되고 끝소리가 다시 첫소리가 되는 것도 역시 이와 같은 뜻이다.

吁라. 正音作而天地萬物之理咸備하니 其神矣哉로구나.
우　　정음작이천지만물지리함비　　기신의재

是殆天啓聖心而假手焉者乎니라. 訣曰
시태천계성심이가수언자호　　결왈

아, 바른소리가 만들어져 하늘과 땅과 모든 사물의 이치가 모두 갖추어지니 신비롭구나. 이는 분명 하늘이 성군(세종대왕)의 마음을 여시고 그 손(솜씨)을 빌려주신 것이 아니겠는가. 간추려 말하자면,

天地之化本一氣이니 陰陽五行相始終이라.
천지지화본일기　　음양오행상시종

하늘과 땅의 조화로움은 본래 하나의 기운이니 음양오행이 서로 시작과 끝이 되네.

物於兩間有形聲
元本無二理數通
正音制字尙其象
因聲之厲每加書
音出牙舌脣齒喉
是爲初聲字十七
牙取舌根閉喉形
唯業似欲取義別

物於兩間有形聲이니 元本無二理數通이라.
물어양간유형성 원본무이리수통

둘(하늘과 땅) 사이 만물에는 형태와 소리가 있되 근본은 둘이 아니니 이치와 숫자로 통하네.

正音制字尙其象하되 因聲之厲每加劃이라.
정음제자상기상 인성지려매가획

바른소리를 만들면서 그 모양을 본뜨되 소리의 세기에 따라 획을 더했네.

音出牙舌脣齒喉하니 是爲初聲字十七이라.
음출아설순치후 시위초성자십칠

소리는 '어금니, 혀, 입술, 이, 목구멍'에서 나오니 여기에서 첫소리 열일곱 글자가 나왔네.

牙取舌根閉喉形이나 唯業[ㆁ]似欲[ㅇ]取義別이라.
아취설근폐후형 유업 사욕 취의별

어금닛소리(ㄱ, ㅋ, ㄲ, ㆁ)는 혀뿌리가 목구멍을 막는 형태를 취하였는데, 다만 'ㆁ'은 'ㅇ'과 비슷하지만 그 취한 뜻이 다르네.

舌迺象舌附上腭
脣則實是取口形
齒喉直取齒喉象
知斯五義聲自明
又有半舌半齒音
取象同而體則異
那彌戌欲聲不厲
次序雖後象形始

舌迺象舌附上腭이요 脣則實是取口形이라.
설내상설부상조　　순즉실시취구형

혓소리(ㄷ, ㅌ, ㄸ, ㄴ)는 혀가 윗잇몸에 닿는 모양을 본뜨고 입술소리(ㅂ, ㅍ, ㅃ, ㅁ)는 실제 입의 형태를 취하였네.

齒喉直取齒喉象하니 知斯五義聲自明이라.
치후직취치후상　　지사오의성자명

잇소리(ㅈ, ㅊ, ㅉ, ㅅ, ㅆ)와 목구멍소리(ㆆ, ㅎ, ㆅ, ㅇ)도 바로 이와 목구멍 모양을 본뜬 것이니, 이러한 다섯 가지의 의미를 알면 소리가 저절로 분명해진다.

又有半舌半齒音이나 取象同而體則異라.
우유반설반치음　　취상동이체즉이

또한 반혓소리(ㄹ)와 반잇소리(ㅿ)가 있는데, 같은 형상으 본떴지만[象同] 드러난 모양[體]이 다르네.

那[ㄴ]彌[ㅁ]戌[ㅅ]欲[ㅇ]聲不厲하니 次序雖後象形始라.
나　미　술　욕　성불려　　차서수후상형시

'ㄴ, ㅁ, ㅅ, ㅇ'은 소리는 세지 않아서 차례의 순서(次序)로는 나중이지만 모양을 본뜸으로는 처음이 되네.

配諸四時與冲氣
五行五音無不協
維喉為水冬與羽
牙迺春木其音角
徵音夏火是舌聲
齒則商秋又是金
脣於位數本無定
土而季夏為宮音

配諸四時與冲氣하니 五行五音無不協이라.
배제사사여충기 오행오음무불협

(바른소리가) 사계절과 충기(冲氣)와 짝을 이루니 오행(金, 水, 木, 火, 土)과 오음(宮, 商, 角, 徵, 羽)에 어울리지 않는 것이 없네.

維喉爲水冬與羽요 牙迺春木其音角이라.
유후위수동여우 아내춘목기음각

목구멍소리는 (오행 중) 물이고 (사계절 중) 겨울이며 (오음 중) 우(羽)가 되네, 어금닛소리는 나무이고 봄이며 각(角)이 되네.

徵音夏火是舌聲이요 齒則商秋又是金이라.
치음하화시설성이요 치즉상추우시금

혓소리(舌聲)는 여름이고 불이며 (오음 중) 치(徵)가 되네. 잇소리는 가을이고 쇠이며 (오음 중) 상(商)이 되네.

脣於位數本無定이니 土而季夏爲宮音이라.
순어위수본무정 토이계하위궁음

입술소리는 본디 위치와 수의 정함이 없으니 흙이고 늦여름이며 (오음 중) 궁(宮)이 되네.

聲音又自有清濁
要於初發細推尋
全清聲是君斗彆
即戌挹亦全清聲
若迺快呑漂侵虛
五音各一爲次清
全濁之聲虯覃步
又有慈邪亦有洪

聲音又自有淸濁이니 要於初發細推尋이라.
성음우자유청탁 요어초발세추심

말소리(聲音)에는 또한 본디 맑은소리와 탁한소리가 있으니, 첫소리 내기부터 자세히 살펴보는 것이 중요하네.

全淸聲是君[ㄱ]斗[ㄷ]彆[ㅂ]이요 則[ㅈ]戌[ㅅ]挹[ㆆ]亦全淸聲이라.
전청성시군 두 별 즉 술 읍 역전청성

모두맑은소리는 'ㄱ, ㄷ, ㅂ'이고 'ㅈ, ㅅ, ㆆ' 또한 모두맑은소리라네.

若迺快[ㅋ]呑[ㅌ]漂[ㅍ]侵[ㅊ]虛[ㅎ]는 五音各一爲次淸이라.
약내쾌 탄 표 침 허 오음각일위차청

'ㅋ, ㅌ, ㅍ, ㅊ, ㅎ'으로 말하자면 오음(ㄱ, ㄷ, ㅂ, ㅅ, ㅇ)에서 각각 다음맑은소리가 된 것이네.

全濁之聲虯[ㄲ]覃[ㄸ]步[ㅃ]요 又有慈[ㅉ]邪[ㅆ]亦有洪[ㆅ]이라.
전탁지성규 담 보 우유자 사 역유홍

모두탁한소리는 'ㄲ, ㄸ, ㅃ'이고 또한 'ㅉ, ㅆ, ㆅ'도 있네.

全清並書為全濁
唯洪自虛是不同
業那彌欲及閭穰
其聲不清又不濁
欲之連書為脣輕
喉聲多而脣乍合
中聲十一亦取象
精義未可容易觀

全淸並書爲全濁이나 唯洪[ㆅ]自虛[ㅎ]是不同이라.
전청병서위전탁 유홍 자허 시불동

모두맑은소리를 나란히 같이 쓰면 모두탁한소리가 되는데, 다만 'ㆅ'만은 (모두맑은소리 'ㆆ'이 아니라) 다음맑은소리 'ㅎ'에서 온 것이니 다르다 하겠네.

業[ㆁ]那[ㄴ]彌[ㅁ]欲[ㅇ]及閭[ㄹ]穰[ㅿ]은 其聲不淸又不濁이라.
업 나 미 욕 급려 양 기성불청우불탁

'ㆁ, ㄴ, ㅁ, ㅇ'과 'ㄹ, ㅿ'은 그 소리가 맑지도 탁하지도 않네.

欲[ㅇ]之連書爲脣輕이니 喉聲多而脣乍合이라.
욕 지연서위순경 후성다이순사합

'ㅇ'을 이어 쓰면(ㅱㅸㅹㆄ) 입술가벼운소리가 되는데, 목구멍소리가 많아지면서 입술을 잠깐 오므리네.

中聲十一亦取象이나 精義未可容而觀이라.
중성십일역취상 정의미가용이관

가운뎃소리 열한 글자 또한 모양을 본떴으나 자세한 뜻은 가히 쉽게 보지 못하네.

※ 하도에서 나왔으므로 가히 쉽게 보지 못하나 가히 쉽게 볼 수 있었다.

許均

呑擬於天聲最深
所以圓形如彈丸
即聲不深又不淺
其形之平象乎地
侵象人立厥聲淺
三才之道斯爲備
洪出於天尙爲闔
象取天圓合地平

呑[ㆍ]擬於天聲最深이니 所以圓形如彈丸이라.
탄　　의어천성최심　　소이원형여탄환

‘ㆍ’는 하늘을 본떠 소리가 가장 깊으니 둥근 모양이 탄알과 같네.

則[ㅡ]聲不深又不淺이니 其形之平象乎地라.
즉　　성불심우불천　　기형지평상호

‘ㅡ’는 깊지도 얕지도 않으니 그 평평한 모양은 땅을 본떴네.

侵[ㅣ]象人立厥聲淺이니 三才之道斯爲備라.
침　　상인입궐성천　　삼재지도사위비

‘ㅣ’는 사람이 서 있는 모양으로 소리가 얕으니 천지인(天地人) 삼재의 도가 이와 같이 갖추었네.

洪[ㅗ]出於天[ㆍ]尙爲闔이니 象取天圓合地平이라.
홍　　출어천　　상위합　　상취천원합지평

‘ㅗ’는 하늘(ㆍ)로부터 나와서 입을 오므리니 둥근 하늘과 평평한 땅을 합하여 그 형태를 만들었네.

覃亦出天為已闢
發於事物就人成
用初生義一其圓
出天為陽在上外
欲穰兼人為再出
二圓為形見其義
君業成謦出於地
據例自知何須評

覃[ㅏ]亦出天[·]爲已闢이니 發於事物就人成이라.
담　역출천　위이벽　발어사물취인성

'ㅏ' 또한 하늘(·)로부터 나왔으되 입이 열려 있으니 사물에 드러나 사람이 이룸이네.

用初生義一其圓이요 出天爲陽在上外라.
용초생의일기원　출천위양재상외

처음 생겨나다는 의미로써 둥근 점이 하나(·)이며 하늘에서 나와 양(陽)이라 위(ㅗ)와 밖(ㅏ)에 놓였네.

欲[ㅛ]穰[ㅑ]兼人[ㅣ]爲再出이니 二圓爲形見其義라.
욕　양　겸인　위재출　이원위형견기의

'ㅛ'와 'ㅑ'는 사람을 겸하여 거듭나게 됨이니 두 개의 둥근 점(··)으로써 그 의미를 보여준 것이네.

君[ㅜ]業[ㅓ]戌[ㅠ]彆[ㅕ]出於地이니 據例自知何須評하랴.
군　업　술　별　출어지　거례자지하수평

'ㅜ'와 'ㅓ'와 'ㅠ'와 'ㅕ'는 땅에서 나옴이니 예로 미루어 저절로 알 것인데 무엇을 풀어 말하랴?

呑之為字貫八聲
維天之用徧流行
四聲兼人亦有由
人參天地為最靈
且就三聲究至理
自有剛柔與陰陽
中是天用陰陽分
初迺地功剛柔彰

呑[ㆍ]之爲字貫八聲은 維天之用徧流行이라.
탄 지위자관팔성 유천지용편류행

‘ㆍ’가 여덟 소리(ㅗ, ㅏ, ㅛ, ㅑ, ㅜ, ㅓ, ㅠ, ㅕ)를 꿰는 글자가 되는 것은 오직 하늘(ㆍ)이 두루 흘러 쓰이는 것과 같네.

四聲兼人[ㅣ]亦有由하니 人[ㅣ]參天[ㆍ]地[ㅡ]爲最靈이라.
사성겸인 역유유 인 참천 지 위최령

네 소리(ㅛ, ㅑ, ㅠ, ㅕ)에 사람(ㅣ)을 겸한 이유가 있으니 사람이 천지에 참여함에 있어 가장 신령하기 때문이네.

且就三聲究至理하면 自有剛柔與陰陽이라.
차취삼성구지리 자유강유여음양

또한, 세 개의 소리(첫소리, 가운뎃소리, 끝소리)를 탐구하여 이치를 살펴보면 ‘강함과 부드러움’, ‘음과 양’을 스스로 가지고 있네.

中是天用陰陽分이요 初迺地功剛柔彰이라.
중시천용음양분 초내지공강유창

가운뎃소리는 하늘(ㆍ)이 작용하여 음과 양으로 나뉘고, 첫소리는 땅(ㅡ)의 공로(功勞)로 강함과 부드러움을 드러내네.

中聲唱之初聲和
天先乎地理自然
和者為初亦為終
物生復歸皆於坤
陰變為陽陽變陰
一動一靜互為根
初聲復有發生義
為陽之動主於天

中聲唱之初聲和하니 天先乎地理自然이라.
중성창지초성화 천선호지리자연

가운뎃소리가 부르면 첫소리가 화답하니 하늘(·)이 땅(ㅡ)에 앞섬은 자연의 이치이네.

和者爲初亦爲終이니 物生復歸皆於坤이라.
화자위초역위종 물생복귀개어곤

화답함이 첫소리도 되고 끝소리도 되는 것이니 만물이 땅에서 나서 땅으로 돌아가는 것이네.

陰變爲陽陽變陰이니 一動一靜互爲根이라.
음변위양양변음 일동일정호위근

음이 변하여 양이 되고 양이 변하여 음이 되니 움직임과 고요함(멈춤)이 서로 뿌리가 되네.

初聲復有發生義이니 爲陽之動主於天이라.
초성복유발생의 위양지동주어천

첫소리는 다시 피어나는 의미가 있으니 양의 움직임은 하늘(·)이 주관함이네.

終聲比地陰之靜
字音於此止定焉
韻成要在中聲用
人能輔相天地宜
陽之為用通於陰
至而伸則反而歸
初終雖云分兩儀
終用初聲義可知

終聲比地陰之靜이니 字音於此止定焉이라.
종성비지음지정　　자음어차지정언

끝소리를 땅에 견주면 음의 고요함이니 글자 소리가 여기서 멈춰 정해지네.

韻成要在中聲用이니 人能輔相天地宜라.
운성요재중성용　　인능보상천지의

운율을 이루는 핵심은 가운뎃소리 작용에 있으니 사람(ㅣ)이 능히 하늘(ㆍ)과 땅(ㅡ)의 마땅한 이치를 돕는 것(輔相)이네.

陽之爲用通於陰이니 至而伸則反而歸라.
양지위용통어음　　지이신즉반이귀

양(첫소리)에 쓰이는 것이 음(끝소리)에도 통하니 (음에) 이르러 소리를 펼치면 (그것은) 다시 (양으로) 돌아오네.

初終雖云分兩儀이나 終用初聲義可知라.
초종수운분양의　　종용초성의가지

첫소리와 끝소리가 비록 음양으로 나뉜다고 하나 끝소리에 첫소리를 쓰는 뜻을 알 수 있네.

正音之字只廿八
指賾錯綜窮深幾
指遠言近牖民易
天授何曾智巧為

初聲解

正音初聲。即韻書之字母也。聲音由此而生。故曰母。如牙音君字初聲是ㄱ。ㄱ與ㅜ而為군。快字初聲

正音之字只廿八이니 探賾錯綜窮深幾라.
정음지자지입팔　　탐색착종궁심기

바른소리 글자가 단지 스물여덟 자뿐이로되 뒤섞여 엉클어진 것(어려운 이치)을 탐구하여 그 궁극의 깊은 기미(낌새)를 찾았네.

指遠言近牗民易하니 天授何曾智巧爲라.
지원언근용민이　　천수하증지교위

뜻은 멀되 말은 가까워 백성이 깨치기 쉬우니 하늘이 내리신 것이지 어찌 (사람의) 지혜와 재주로 된 것이겠는가?

초성해(初聲解)

正音初聲은 卽韻書之字母也니라. 聲音由此而生이니 故曰母니라.
정음초성　즉운서지자모야　　성음유차이생　　고왈모

바른소리의 첫소리는 음운서 사전에서 첫소리에 해당한다. 말소리가 이로부터 나와서 '어머니(母)'라고 한다.

如牙音君[**군**]字初聲是**ㄱ**이니 **ㄱ**與**운**而爲**군**이니라.
여아음군　자초성시　　　여　이위

예를 들면, 어금닛소리 '**군**'자의 첫소리는 '**ㄱ**'이니 '**ㄱ**'과 '**운**'이 합하여 '**군**'이 된다.

是ㅋ。ㅋ與ㅙ而為쾌。蚪字初聲是
ㄲ。ㄲ與ㅠ而為뀨。業字初聲是ㆁ。
ㆁ與ㅓㅂ而為업之類。呑之斗呑覃
那。脣之彆漂步彌。齒之即侵慈戌
邪。喉之挹虛洪欲。半舌半齒之閭
穰。皆倣此。訣曰
君快蚪業其聲牙
舌聲斗呑及覃那

快[쾌]字初聲是ㅋ이니 ㅋ與ㅙ而爲쾌니라.
쾌　　자초성시　　　　　　여　이위

'쾌'자의 첫소리는 'ㅋ'이니 'ㅋ'과 'ㅙ'가 합하여 '쾌'가 된다.

虯[뀨]字初聲是ㄲ이니 ㄲ與ㅠ而爲뀨니라.
규　　자초성시　　　　　　여　이위

'뀨'자의 첫소리는 'ㄲ'이니 'ㄲ'과 'ㅠ'가 합하여 '뀨'가 된다.

業[업]字初聲是ㆁ이니 ㆁ與ᅥᆸ而爲업之類니라.
규　　자초성시　　　　　　여　이위　지류

'업'자의 첫소리는 'ㆁ'이니 'ㆁ'과 '입'이 합하여 '업'이 되는 식이다.

舌之斗[ㄷ]呑[ㅌ]覃[ㄸ]那[ㄴ], 脣之彆[ㅂ]漂[ㅍ]步[ㅃ]彌[ㅁ]
설지두　　탄　담　나　　순지별　　표　보　미

齒之卽[ㅈ]侵[ㅊ]慈[ㅉ]戌[ㅅ], 喉之挹[ㆆ]虛[ㅎ]洪[ㆅ]欲[ㅇ]
치지즉　　침　자　술　　후지읍　　허　홍　욕

半舌半齒之閭[ㄹ]穰[ㅿ], 皆倣此니라. 訣曰
반설반치지려　　양　　개방차　　결왈

혓소리 'ㄷ, ㅌ, ㄸ, ㄴ'과 입술소리 'ㅂ, ㅍ, ㅃ, ㅁ'과 잇소리 'ㅈ, ㅊ, ㅉ, ㅅ, ㅆ'과 목구멍소리 'ㆆ, ㅎ, ㆅ, ㅇ'과 반혓소리 'ㄹ' 및 반잇소리 'ㅿ'도 모두 이와 같다. 간추려 말하면,

君[ㄱ]快[ㅋ]虯[ㄲ]業[ㆁ]其聲牙요 舌聲斗[ㄷ]呑[ㅌ]及覃[ㄸ]那[ㄴ]라.
군　쾌　규　업　기성아　설성두　탄　급표　나

'ㄱ, ㅋ, ㄲ, ㆁ'은 그 소리가 어금닛소리이며 'ㄷ, ㅌ'과 'ㄸ, ㄴ'은 혓소리네.

彆漂步彌則是脣
齒有即侵慈戌邪
挹虛洪欲迺喉聲
閭為半舌穰半齒
二十三字是為母
萬聲生生皆自此

中聲解

中聲者。居字韻之中。合初終而成

彆[ㅂ]漂[ㅍ]步[ㅃ]彌[ㅁ]則是脣이요 齒有卽[ㅈ]侵[ㅊ]慈[ㅉ]戌[ㅅ]邪[ㅆ]라.
별 표 보 미 즉시순 치유즉 침 자 술 사

'ㅂ, ㅍ, ㅃ, ㅁ'은 입술소리이고 'ㅈ, ㅊ, ㅉ, ㅅ, ㅆ'은 잇소리네.

挹[ㆆ]虛[ㅎ]洪[ㆅ]欲[ㅇ]迺喉聲이요 閭[ㄹ]爲半舌穰[ㅿ]半齒라.
읍 허 홍 욕 내후성 려 위반설양 반치

'ㆆ, ㅎ, ㆅ, ㅇ'은 곧 목구멍소리이고 'ㄹ'은 반혓소리이며 'ㅿ'은 반잇소리네.

二十三字是爲母이니 萬聲生生皆自此라.
이십삼자시위모 만성생생개자차

이 스물세 자가 첫소리가 되니 모든 소리가 다 여기서 생겨나네.

중성해(中聲解)

中聲者는 居字韻之中하니 合初終而成音하니라.
중성자 거자운지중 합초종이성음

가운뎃소리는 글자 소리의 가운데에 놓여 첫소리와 끝소리를 합하여 음절을 이룬다.

音。如呑字中聲是ㆍ。ㆍ居ㅌㄴ之
間而爲ᄐᆞᆫ。即字中聲是ㅡ。ㅡ居ㅈ
ㄱ之間而爲즉。侵字中聲是ㅣ。ㅣ
居ㅊㅁ之間而爲침之類。洪覃君
業欲穰戌彆。皆倣此。二字合用者
ㅗ與ㅏ同出於ㆍ。故合而爲ㅘ。ㅛ
與ㅑ又同出於ㅣ。故合而爲ᆈ。ㅜ
與ㅓ同出於ㅡ。故合而爲ᆏ。ㅠ與

如呑[ᄐᆞᆫ]字中聲是·니 ·居ㅌㄴ之間而爲ᄐᆞᆫ이요
여탄　　자중성시　　　거　　지간이위

即[즉]字中聲是ㅡ니 ㅡ居ㅈㄱ之間而爲즉이니라
즉　　자중성시　　　거　　지간이위

'ᄐᆞᆫ'자의 가운뎃소리는 '·'이니 '·' 'ㅌ'과 'ㄴ' 사이에 놓여 'ᄐᆞᆫ'이 되고 '즉'자의 가운뎃소리는 'ㅡ'이니 'ㅡ'가 'ㅈ'과 'ㄱ' 사이에 놓여 '즉'이 된다.

侵[침]字中聲是ㅣ니 ㅣ居ㅊㅁ之間而爲침之類니라.
침　　자중성시　　　거　　지간이위침지류

洪[ㅗ]覃[ㅏ]君[ㅜ]業[ㅓ]欲[ㅛ]穰[ㅑ]戌[ㅠ]彆[ㅕ]도 皆倣此니라.
홍　　담　　군　　업　　욕　　양　　술　　별　　　개방차

'침'자의 가운뎃소리는 'ㅣ'이니 'ㅣ'가 'ㅊ'과 'ㅁ' 사이에 놓여 '침'이 되는 식이다. 'ᅘᅩᆼ, 땀, 군, ᅌᅥᆸ, 욕, ᅀᅣᆼ, ᄉᆑᆳ, ᄇᆗᆶ'에서 'ㅗ, ㅏ, ㅜ, ㅓ, ㅛ, ㅑ, ㅠ, ㅕ'도 모두 이와 같다.

二字合用者는 ㅗ與ㅏ同出於·니 故合而爲ㅘ니라.
이자합용자　　여　　동출어　　　고합이위

ㅛ與ㅑ 又同出於ㅣ니 故合而爲ㆇ니라.
여　　우동출어　　　고합이위

ㅜ與ㅓ 同出於ㅡ니 故合而爲ㅝ니라.
여　　동출어　　　고합이위

두 글자가 합하여 쓰이는 가운뎃소리는 'ㅗ'와 'ㅏ'는 똑같이 '·'에서 나왔으므로 합하여 'ㅘ'가 된다. 'ㅛ'와 'ㅑ'도 또한 한가지로 'ㅣ'에서 나왔으므로 합하여 'ㆇ'가 된다. 'ㅜ'와 'ㅓ'는 똑같이 'ㅡ'에서 나왔으므로 합하여 'ㅝ'가 된다.

ㅕ又同出於ㅣ。故合而爲ㆊ。以其
同出而爲類。故相合而不悖也。一
字中聲之與ㅣ相合者十。ㆎㅢㅚ
ㅐㅟㅔㆉㅒㆌㅖ是也。二字中聲
之與ㅣ相合者四。ㅙㅞㆇㆊ是也。
ㅣ於深淺闔闢之聲。並能相隨者。
以其舌展聲淺而便於開口也。亦
可見人之參贊開物而無所不通

ㅠ與ㅕ又同於ㅣ니 故合而爲ㆊ니라.
여 우동어 고합이위

以其洞出而爲類이니 故相合而不悖也니라.
이기동출이위류 고상합이불패야

'ㅠ'와 'ㅕ' 또한 한 가지로 'ㅣ'에서 나왔으므로 합하여 'ㆊ'가 된다. 그들은 모두 같은 곳에서 나와 같은 무리(類)가 되었으므로 서로 합하여도 어그러짐이 없다.

一字中聲之與ㅣ相合者十이니 ㆎㅢㅚㅐㅟㅔㆉㅒㆌㅖ是也니라.
일자중성지여 상합자십 시야

한 글자로 된 가운뎃소리가 'ㅣ'와 서로 합하는 경우는 열 가지로 'ㆎ, ㅢ, ㅚ, ㅐ, ㅟ, ㅔ, ㆉ, ㅒ, ㆌ, ㅖ'이다.

二字中聲之與ㅣ相合者四이니 ㅙㅞㆈㆋ是也니라.
이자중성지여 상합자십 시야

두 글자로 된 가운뎃소리가 'ㅣ'와 서로 합하는 경우는 네 가지로 'ㅙ, ㅞ, ㆈ, ㆋ'이다.

ㅣ於深淺闔闢之聲 並能相隨者는 以其舌展聲淺而便於開口也니라.
어심천합벽지성 병능상수자 이기설전성천이편어개구야

'ㅣ'가 깊고 얕고(深淺) 닫히고 열리는(闔闢) 소리에 두루 서로 잘 따를 수 있는 것은 'ㅣ' 소리가 혀가 펴지고 소리가 얕아서 입을 벌리기에 편하기 때문이다.

亦可見人[ㅣ]之參贊開物而無所不通也니라. 訣曰
역가견인 지참가개물이무소불통야 결왈

역시 사람(ㅣ)이 만물의 뜻을 여는 데(開物) 참여하여 통하지 않음이 없음을 볼 수 있다 하겠다. 간추려 말하면,

也。訣曰

母字之音各有中
須就中聲尋闢闔
洪覃自呑可合用
君業出即亦可合
欲之與穰戌與彆
各有所從義可推
侵之為用最居多

母字之音各有中이니 須就中聲尋闢闔이라.
모자지음각유중 수취중성심벽합

모든 글자 소리마다 제각기 가운뎃소리가 있으니 모름지기 가운뎃소리에서 열림과 닫힘을 찾아야 하네.

洪[ㅗ]覃[ㅏ]自呑[ㆍ]可合用이요 君[ㅜ]業[ㅓ]出即[ㅡ]亦可合이라.
홍 담 자탄 가합용 군 업 출즉 역가합

'ㅗ'와 'ㅏ'는 'ㆍ'에서 나왔으니 합하여 쓸 수 있고(ㅘ) 'ㅜ'와 'ㅓ'는 'ㅡ'에서 나왔으니 마찬가지로 합할 수 있네(ㅝ).

欲[ㅛ]之與穰[ㅑ]戌[ㅠ]與彆[ㅕ]이니 各有所從義可推니라.
욕 지여양 술 여별 각유소종의가추

'ㅛ'와 'ㅑ', 'ㅠ'와 'ㅕ'는 각각 따르는 바 있으니 미루어 그 뜻을 알 수 있네.

侵[ㅣ]之爲用最居多하니
침 지위용최거다

(가운뎃소리에서) 'ㅣ'의 사용이 가장 많아서

終聲解

於十四聲徧相隨

終聲者。承初中而成字韻。如即字
終聲是ㄱ。ㄱ居즈終而為즉。洪字
終聲是ㆁ。ㆁ居ᅘᅩ終而為ᅘᅩᆼ之類。
舌脣齒喉皆同。聲有緩急之殊。故
平上去其終聲不類入聲之促急。
不清不濁之字。其聲不厲。故用於

於十四聲徧相隨니라.
어십사성편상수

열넷의 소리에 두루 서로 따르네(ㆎ, ㅢ, ㅚ, ㅐ, ㅟ, ㅔ, ㆉ, ㅒ, ㆌ, ㅖ, ㅙ, ㅞ, ㆈ, ㆋ).

종성해(終聲解)

終聲者는 承初中而成字韻이니라. 如即[즉]字終聲是ㄱ이니
종성자 승초중이성자운 여즉 자종성시

ㄱ居즈終而爲즉이니라.
거 종이위

끝소리는 첫소리와 가운뎃소리를 이어받아 글자 소리를 이루는 것이다. 가령 '즉'자의 끝소리는 'ㄱ'이니 'ㄱ'은 '즈'의 끝에 놓여 '즉'이 된다.

洪[ᅘᅩᆼ]字終聲是ㆁ이요 ㆁ居ᅘᅩ終而爲ᅘᅩᆼ之類니라. 舌脣齒喉皆同이니라.
홍 자종성시 거 종이위 지류 설순치후개동

ᅘᅩᆼ자의 끝소리는 'ㆁ'이고 'ㆁ'은 'ᅘᅩ'義 끝에 놓여 ᅘᅩᆼ이 되는 것과 같다. 혓소리, 입술소리, 잇소리, 목구멍소리도 모두 같다.

聲有緩急之殊이니 故平上去其終聲不類入聲之促急이니라.
성유완급지수 고평상거기종성불류입성지촉급

소리는 느림과 빠름의 차이가 있으므로 평성, 상성, 거성의 끝소리는 입성의 촉급함(짧고 급함)과는 같지 않다.

不淸不濁之字는 其聲不厲이니
불청불탁지자 기성불려

맑지도 탁하지도 않은 '불청불탁'의 글자는 그 소리가 세지 않으므로

終則宜於平上去。全清次清全濁
之字。其聲為厲。故用於終則宜於
入。所以ㆁㄴㅁㅇㄹㅿ六字為平
上去聲之終。而餘皆為入聲之終
也。然ㄱㆁㄷㄴㅂㅁㅅㄹ八字可
足用也。如빗곶為梨花。엿의갗為
狐皮。而ㅅ字可以通用。故只用ㅅ
字。且ㅇ聲淡而虛。不必用於終。而

故用於終則宜於平上去니라.
고용어종즉의어평상거

끝소리로 쓰면 평성, 상성, 거성에 알맞다.

全淸次淸全濁之字는 其聲爲厲이니 故用於終則宜於入이니라.
전청차청전탁지자 기성위려 고용어종즉의어입

所以ㆁㄴㅁㅇㄹㅿ六字爲平上去聲之終이요 而餘皆爲入聲之終也니라.
소이 육자위평상거성지종 이여개위입성지종야

모두맑은소리, 다음맑은소리, 모두탁한소리의 글자는 그 소리가 거세므로 끝소리로 쓰면 입성에 알맞다. 그러므로 'ㆁ, ㄴ, ㅁ, ㅇ, ㄹ, ㅿ' 여섯 글자는 평성, 상성, 거성의 끝소리가 되고 나머지는 다 입성의 끝소리가 된다.

然ㄱㆁㄷㄴㅂㅁㅅㄹ八字可足用也니라.
연 팔자가족용야

그렇지만 'ㄱ, ㆁ, ㄷ, ㄴ, ㅂ, ㅁ, ㅅ, ㄹ,' 여덟 글자로도 충분히 쓸 수 있다.

如**빗곶**爲梨花요 **엿의갗**爲狐皮이나,
여 위리화 위호피

而ㅅ字可以通用이니 故只用ㅅ字니라.
이 자가이통용 고지용 자

且ㅇ聲淡而虛이니 不必用於終이요
차 성담이허 불필용어종

가령 **빗곶**(梨花: 배꽃)의 끝소리는 'ㅈ'이고 **엿의갗**(狐皮: 여우 가죽)의 끝소리는 'ㅿ'이지만 'ㅅ'자로 통용할 수 있으므로 오직 'ㅅ'자로 쓰는 것과 같다. 또 'ㅇ'은 소리가 맑고 비었으니 반드시 끝소리에 사용하지 않더라도

中聲可得成音也。ㄷ如볃爲彆。ㄴ
如군爲君。ㅂ如업爲業。ㅁ如땀爲
覃。ㅅ如諺語옷爲衣。ㄹ如諺語실
爲絲之類。五音之緩急。亦各自爲
對。如牙之ㆁ與ㄱ爲對。而ㆁ促呼
則變爲ㄱ而急。ㄱ舒出則變爲ㆁ
而緩。舌之ㄴㄷ。脣之ㅁㅂ。齒之ㅿ
ㅅ。喉之ㅇㆆ。其緩急相對。亦猶是

而中聲可得成音也니라.
이중성가득성음야

가운뎃소리만으로 음절을 이룰 수 있다.

ㄷ如**볃**爲彆[**볃**]이요 ㄴ如**군**爲君[**군**]이요 ㅂ如**업**爲業[**업**]이요
여 위별 여 위군 여 위업

ㅁ如**땀**爲覃[**땀**]이요 ㅅ如諺語**옷**爲衣요 ㄹ如諺語**실**爲絲之類니라.
여 위담 여언어 위의 여언어 위사지류

'ㄷ'은 **볃**의 끝소리 'ㄷ'이 되고, 'ㄴ'은 **군**의 끝소리 'ㄴ'이 되고, 'ㅂ'은 **업**의 끝소리 'ㅂ'이 되고, 'ㅁ'은 **땀**의 끝소리 'ㅁ'이 되고, 'ㅅ'은 토박이말(諺語) '**옷**'의 끝소리 'ㅅ'이 되며, 'ㄹ'은 토박이말 **실**의 끝소리 'ㄹ'이 되는 따위와 같다.

五音之緩急이 亦各自爲對니라. 如牙之ㆁ與ㄱ爲對이니
오음지완급 역각자위대 여아지 여 위대

而ㆁ促呼則變爲ㄱ而急이요 ㄱ舒出則變爲ㆁ而緩이니라.
이 촉호즉변위 이급 서출즉변위 이완

舌之ㄴㄷ, 脣之ㅁㅂ, 齒之ㅿㅅ, 喉之ㅇㆆ, 其緩急相對이니 亦猶是也니라.
설지 순지 치지 후지 기완급상대 역유시야

오음(아설순치후)의 느림과 빠름은 또한 각자 짝을 이룬다. 가령 어금닛소리 'ㆁ'은 'ㄱ'과 짝이 되어 'ㆁ'을 빠르게 소리 내면 'ㄱ'으로 변하여 빨라지고, 'ㄱ'을 천천히 소리 내면 'ㆁ'으로 바뀌어 느려진다. 혓소리 'ㄴ, ㄷ', 입술소리 'ㅁ, ㅂ', 잇소리 'ㅿ, ㅅ', 목구멍소리 'ㅇ, ㆆ'도 그 느림과 빠름으로 서로 짝을 이룸이 또한 이와 같다.

也。且半舌之ㄹ。當用於諺。而不可
用於文。如入聲之彆字。終聲當用
ㄷ。而俗習讀為ㄹ。蓋ㄷ變而為輕
也。若用ㄹ為彆之終。則其聲舒緩
不為入也。訣曰

不清不濁用於終
為平上去不為入
全清次清及全濁

且半舌之ㄹ은 當用於諺이나 而不可用於文이니라.
차반설지 당용어언 이불가용어문

또 반혓소리 'ㄹ'은 마땅히 토박이말(諺)에는 쓰이지만 한자(文)에는 쓰이지 않는다.

如入聲之彆[ᄇᆞᆮ]字도 終聲當用ㄷ이나
여입성지별 자 종성당용

而俗習讀爲ㄹ이니 蓋ㄷ變而爲輕也니라.
이속습독위 개 변이위경야

若用ㄹ爲彆[ᄇᆞᆮ]之終이면 則其聲舒緩이니 不爲入也니라. 訣曰
약용 위별 지종 즉기성서완 불위입야 결왈

가령 입성의 '彆(ᄇᆞᆮ)'자도 끝소리는 마땅히 'ㄷ'을 써야 하는데 백성들이 배우고 읽기를 'ㄹ'이라고 하였기에 'ㄷ'이 바뀌어 가벼운 소리로 된 것이다. 만약 'ㄹ'을 '彆(ᄇᆞᆯ)'자도 끝소리로 쓴다면 그 소리가 느려져 입성이 되지 못한다. 간추려 말하면,

不淸不濁用於終이면 爲平上去不爲入이라.
불청불탁용어종 위평상거불위입

맑지도 탁하지도 않은 '불청불탁'의 소리를 끝소리에 쓰면 평성, 상성, 거성은 되지만 입성은 되지 않네.

全淸次淸及全濁은
전청차청급전탁

모두맑은소리, 다음맑은소리, 모두탁한소리는

是皆為入聲促急
初作終聲理固然
只將八字用不窮
唯有欲聲所當處
中聲成音亦可通
若書即字終用君
洪鷩亦以業斗終
君業覃終又何如

是皆爲入聲促急이라.
시개위입성촉급

모두 입성이 되어 소리가 매우 빠르네.

初作終聲理固然이나 只將八字用不窮이라.
초작종성리고연 지장팔자용불궁

첫소리가 끝소리로 되는 것은 당연한 이치인데 다만 여덟 글자로 사용해도 부족함이 없네.

唯有欲[ㅇ]聲所當處라도 中聲成音亦可通이라.
유유욕 성소당처 중성성음역가통

오직 'ㅇ' 소리를 쓸 자리라도 가운뎃소리로 음을 이루어 또한 통할 수 있네.

若書即[즉]字終用君[ㄱ]이요 洪[홍]彆[볃]亦以業[ㆁ]斗[ㄷ]終이라.
약서즉 자종용군 홍 별 역이업 두 종

만약 '즉'자를 쓰려면 'ㄱ'을 끝소리로 하고 홍과 볃은 'ㆁ'과 'ㄷ'을 끝소리로 하네.

君[군]業[업]覃[땀]終又何如요
군 업 담 종우하여

'군, 업, 땀'의 끝소리는 또한 어떨까?

以那彎彌次第推
六聲通乎文與謗
戌閭用於謗衣絲
五音緣急各自對
君聲迺是業之促
斗彎聲緣為那彌
欀欲亦對戌與搥
閭宜於謗不宜文

以那[ㄴ]彆[ㅂ]彌[ㅁ]次第推라.
이나 별 미 차제추

'ㄴ, ㅂ, ㅁ'으로써 차례를 추측할 수 있네.

六聲通乎文與諺하되 戌[ㅅ]閭[ㄹ]用於諺衣[옷]絲[실]라.
육성통호문여언 술 려 용어언의 사

여섯 소리(ㄱ, ㆁ, ㄷ, ㄴ, ㅂ, ㅁ)는 한자(文)나 토박이말(諺)에 함께 쓰이되, 'ㅅ'과 'ㄹ'은 토박이말 '옷'과 '실'의 끝소리에만 쓰이네.

五音緩急各自對이니 君[ㄱ]聲迺是業[ㆁ]之促이라.
오음완급각자대 군 성내시업 지촉

다섯 음의 느리기와 빠르기는 각자 짝을 이루니 'ㄱ' 소리는 'ㆁ'을 빠르게 낸 것이네.

두[ㄷ]彆[ㅂ]聲緩爲那[ㄴ]彌[ㅁ]하고 穰[ㅿ]欲[ㅇ]亦對戌[ㅅ]與挹[ㆆ]이라.
두 별 성완위나 미 양 욕 역대술 여읍

'ㄷ, ㅂ' 소리가 느려지면 'ㄴ, ㅁ'이 되고 'ㅿ, ㅇ' 또한 'ㅅ'과 'ㆆ'의 짝이 되네.

려[ㄹ]宜於諺不宜文이니
려 의어언불의문이니

'ㄹ'은 토박이말(諺)의 끝소리로 쓰기에는 마땅하나 한자에는 알맞지 않으니

斗輕爲閭是俗習

合字解

初中終三聲。合而成字。初聲或在
中聲之上。或在中聲之左。如君字
ㄱ在ㅜ上。業字ㆁ在ㅓ左之類。中
聲則圓者橫者在初聲之下。ㆍㅡ
ㅗㅛㅜㅠ是也。縱者在初聲之右。
ㅣㅏㅑㅓㅕ是也。如呑字ㆍ在ㅌ

斗[ㄷ]輕爲閭[ㄹ]是俗習이라.
두　경위려　시속습

'ㄷ' 소리가 가벼워져 'ㄹ'이 된 것은 일반의 관습이네.

합자해(合字解)

初中終三聲은 合而成字니라.
초중종삼성은 합이성자

첫소리, 가운뎃소리, 끝소리 세 소리가 합해져서 글자를 이룬다.

初聲或在中聲之上하고 或在中聲之左니라.
초성혹재중성지상　혹재중성지좌

如君[군]字ㄱ在ㅜ上하고 業[업]字ㆁ在ㅓ左之類니라.
여군　자　재　상　업　자　재　좌지류

첫소리는 가운뎃소리의 위에 쓰거나 왼쪽에 쓴다. 가령 '군'자의 'ㄱ'은 'ㅜ' 위에 쓰고 '업'자의 'ㆁ'은 'ㅓ'의 왼쪽에 쓰는 따위다.

中聲則圓者橫者在初聲之下하니 ·ㅡㅗㅜㅛㅠ是也니라.
중성즉원자횡자재초성지하　시야

終者在初聲之右하니 ㅣㅏㅑㅓㅕ是也니라.
종자재초성지우　시야

가운뎃소리의 '둥근 것(·)'과 '가로로 된 것(ㅡ)'은 첫소리의 아래에 쓰니 '·, ㅡ, ㅛ, ㅜ, ㅠ'가 그것이다. '세로로 된 것(ㅣ)'은 첫소리의 오른쪽에 쓰니 'ㅣ, ㅏ, ㅑ, ㅓ, ㅕ'가 그것이다.

如呑[ᄐᆞᆫ]字·在ㅌ下하고
여탄　자　재　하

가령 'ᄐᆞᆫ'자의 '·'는 'ㅌ'의 아래에 쓰고

下。即字ㅡ在ㅈ下。侵字ㅣ在ㅊ右之類。終聲在初中之下。如君字ㄴ在구下。業字ㅂ在ᅌᅥ下之類。初聲二字三字合用並書。如諺語·ᄯᅡ爲地。ᄧᅡᆨ爲隻。·ᄢᅳᆷ爲隙之類。各自並書。如諺語·혀爲舌而·ᅘᅧ爲引。괴·ᅇᅧ爲我愛人而괴·ᅇᅧ爲人愛我。소·다爲覆物而쏘·다爲射之之類。中聲二

即[즉]字ㅡ在ㅈ下하고 侵[침]字ㅣ在ㅊ右之類니라.
즉 자 재 하 침 자 재 우지류

'즉'자의 'ㅡ'는 'ㅈ' 아래에 쓰고 '침'자의 'ㅣ'는 'ㅊ'의 오른쪽에 쓰는 따위다.

終聲在初中之下니라. 如君[군]字ㄴ在구下하고 業[업]字ㅂ在어下之類니라.
종성재초중지하 여군 자 재 하 업 자 재 하지류

끝소리는 첫소리와 가운뎃소리의 아래에 쓴다. 예를 들면 '군'자의 'ㄴ'은 '구'의 아래에 쓰고 '업'자의 'ㅂ'은 '어'의 아래에 쓰는 따위다.

初聲二字三字合用並書는 如諺語 ·ᄯᅡ爲地요 ᄧᅡᆨ爲隻이요 ᄢᅳᆷ爲隙之類니라.
초성이자삼자합용병서 여언어 위지 위척 위극지류

첫소리에서 서로 다른 두 개의 글자 혹은 세 개의 글자를 합하여 나란히 쓰는 '병서'는 가령 토박이말(諺語)의 '·ᄯᅡ(땅), ᄧᅡᆨ(외짝), ᄢᅳᆷ(틈)' 같은 따위다.

各自並書는 如諺語 ·혀爲舌而 ·ᅘᅧ爲引이요
각자병서 여언어 위설이 위인

괴·ᅇᅧ爲我愛人而 괴·ᅇᅧ爲人愛我요
괴 위아애인이 위인애아

소·다爲覆物而 쏘·다爲射之之類니라.
소 위복물이 위사지지류

같은 글자를 합하여 나란히 쓰는 '각자병서(各自並書)'는 이를테면, 토박이말(諺語)의 '·혀'는 입속의 혀를 가리키지만 '·ᅘᅧ'는 '당김'을 뜻하고, '괴·여'는 '내가 남을 사랑한다'는 뜻이지만 '괴·ᅇᅧ'는 '남에게서 내가 사랑받는다'는 뜻이며, '소·다'는 '무엇을 뒤집어 쏟다'는 뜻이지만 '쏘·다'는 '무엇을 쏘다'라는 뜻이 되는 따위와 같다.

字三字合用。如諺語·과為琴柱。·홰

為炬之類。終聲二字三字合用。如

諺語홁為土。낛為釣。ᄃᆞᇌ·ᄣᅢ為酉時

之類。其合用並書。自左而右。初中

終三聲皆同。文與諺雜用則有因

字音而補以中終聲者。如孔子ㅣ

魯ㅅ:사ᄅᆞᆷ之類。諺語平上去入。如

활為弓而其聲平。:돌為石而其聲

中聲二字三字合用은 如諺語·과爲琴柱요 ·홰爲炬之類니라.
중성이자삼자합용 여언어 위금주 위거지류

가운뎃소리에서 두 글자나 세 글자를 합하여 쓰는 것은 예를 들면, 토박이말의 '·과(거문고 줄을 괴는 받침, 기러기발), ·홰(횃불)' 따위를 들 수 있다.

終聲二字三字合用은 如諺語홁爲土 ·낛爲釣요 돐·ᄣᅢ爲酉時之類니라.
종성이자삼자합용 여언어 위토 위조 위유시지류

끝소리에서 두 글자나 세 글자를 합하여 쓰는 것은 예를 들면, 토박이말의 '홁(흙), ·낛(낚시), 돐·ᄣᅢ(닭때, 유시)' 따위가 있다.

其合用竝書는 自左而右하니 初中聲三聲皆同이니라.
기합용병서 자좌이우 초중성삼성개동

이러한 서로 다른 글자를 합하여 나란히 쓰는 합용병서(合用並書)는 왼쪽에서 오른쪽으로 쓰며 첫소리, 가운뎃소리, 끝소리 모두 동일하다.

文與諺雜用則有因字音而補以中終聲者이니 如孔子ㅣ魯ㅅ:사ᄅᆞᆷ之類니라.
문여언잡용즉유인자음이보이중종성자 여공자 로 지류

한자와 토박이말을 섞어 쓸 경우에는 한자음에 따라 한글의 가운뎃소리나 끝소리를 보충하는 일이 있으니 가령 '孔子ㅣ魯ㅅ:사ᄅᆞᆷ(공자는 노나라 사람)'으로 쓰는 따위다.

諺語平上去入이니 如활爲弓而其聲平이고 :돌爲石而其聲上이요
언어평상거입 여 위궁이기성평 위석이기성상

토박이말에도 평성, 상성, 거성, 입성이 있으니 가령 '활(활)'은 평성이고 ':돌(돌)'은 상성이며

上。·갈為刀而其聲去。·붇為筆而其聲入之類。凡字之左。加一點為去聲二點為上聲。無點為平聲。而文之入聲。與去聲相似。諺之入聲無定。或似去聲。如긷為柱。녑為脅。或似上聲。如:낟為穀。:깁為繒。或似去聲。如·몯為釘。·입為口之類。其加點則與平上去同。平聲安而和。春也。

·갈爲刀而其聲去이며 ·붇爲筆而其聲入之類니라.
위도이기성거 위필이기성입지류

凡字之左에 加一點爲去聲이고 二點爲上聲이요 無點爲平聲이니라.
범자지좌 가일점위거성 이점위상성 무점위평성

'·갈(칼)'은 거성이 되고 '·붇(붓)'은 입성이 되는 따위다. 모든 글자의 왼쪽에 한 점을 찍은 것은 거성이고 두 점을 찍은 것은 상성이며 점이 없는 것은 평성이다.

而文之入聲은 與去聲相似니라. 諺之入聲無定하여 或似平聲하니
이문지입성 여거성상사 언지입성무정 혹사평성

如긷爲柱요 녑爲脅이니라. 或似上聲하니 如:낟爲穀이요 :깁爲繒이니라.
여 위주 위협 혹사상성 여 위곡 위증

或似去聲하니 如 ·몯爲釘이요 ·입爲口之類니라. 其加點則與平上去同이니라.
혹사거성 여 위정 위구지류 기가점즉여평상거동

한자음에서 입성과 거성은 유사하지만 토박이말에서 입성은 일정하지 않아서 때론 평성과 비슷하다. 가령 '긷(기둥), 녑(옆구리)' 같은 따위다. 혹은 상성과 비슷하여 ':낟(낟알), :깁(비단)' 따위가 있으며 혹은 거성과 비슷하여 '·몯(못), ·입(입)'과 같은 따위도 있다. 그 점을 찍는 방법은 평성, 상성, 거성의 경우와 같다.

平聲安而和하니 春也요
평성안이화 춘야

평성은 편안하고 온화하여 봄에 해당하니

萬物舒泰。上聲和而擧。夏也。萬物
漸盛。去聲擧而壯。秋也。萬物成熟。
入聲促而塞。冬也。萬物閉藏。初聲
之ㆆ與ㅇ相似。於諺可以通用也。
半舌有輕重二音。然韻書字母唯
一。且國語雖不分輕重。皆得成音。
若欲備用。則依脣輕例。ㅇ連書ㄹ
下。為半舌輕音。舌乍附上腭。•ㅡ

萬物舒泰니라.
만물서태

만물이 펴져 피어난다.

上聲和而擧하니 夏也요 萬物漸盛이니라. 去聲擧而壯하니 秋也요
상성화이거 하야 만물점성 거성거이장 추야

萬物成熟이니라. 入聲促而塞하니 冬也요 萬物閉藏이니라.
만물성숙 입성촉이색 동야 만물패장

상성은 화창하여 일어서는 여름에 해당하니 만물이 점점 무성해지는 것이다. 거성은 일어서며 견고하여 가을에 해당하니 만물이 무르익는 것과 같다. 입성은 빠르고 닫혀 겨울에 해당하니 만물이 닫히어 잠기는 것과 같다.

初聲之ㆆ與ㅇ相似하니 於諺可以通用也니라.
초성지 여 상사 어언가이통용야

첫소리의 'ㆆ'과 'ㅇ'은 서로 유사하여 토박이말에서는 통용될 수 있다.

半舌有輕重二音이니라. 然韻書字母唯一이요 且國語雖不分輕重이라도
반설유경중이음 연운서자모유일 차국어수불분경중

皆得成音이니라. 若欲備用이면 則依脣輕例 ㅇ連書ㄹ下하면
개득성음 약욕비용 즉의순경례 연서 하

爲半舌輕音이니 舌乍附上腭이니라.
위반설경음 설사부상악

반혓소리(ㄹ)는 가벼운 소리와 무거운 소리가 있다. 한자음 사전의 첫소리에서는 오직 하나뿐이며, 나라말(國語)에서는 비록 가벼운 소리와 무거운 소리를 구분하지 않더라도 모두 소리를 이룰 수 있다. 만약 갖추어 쓰려고 할 경우에 입술가벼운소리(ㅸㆄㅱㅹ)의 예에 따라서 'ㅇ'을 'ㄹ' 아래에 붙여 쓰면 반혀가벼운소리(ᄛ)가 되는데 혀를 윗잇몸에 살짝 댄다.

起ㅣ聲。於國語無用。兒童之言。邊野之語。或有之。當合二字而用。如ᄀᆝᄁᆝ之類。其先縱後橫。與他不同。

訣曰

初聲在中聲左上
挹欲於諺用相同
中聲十一附初聲
圓橫書下右書縱

・ㅡ起ㅣ聲은 於國語無用이니라. 兒童之言이나 邊野之語에는
기 성 어국어무용 아동지언 변야지어

或有之이니 當合二字而用에는 如ㄱ!긴之類니라.
혹유지 당합이자이용 여기긴지류

其先縱하고 後横하니 與他不同이니라. 訣曰
기선종 후횡 여타부동 결왈

'・'와 'ㅡ'가 'ㅣ'에서 시작되는 소리는 나라말에서는 쓰이지 않는다. 다만 아이들이 쓰는 말이나 변두리 시골에서 쓰이는 말 중에는 혹 있을 수 있으니 마땅히 두 글자를 합하여 쓸 경우에는 가령 'ㄱ!, 긴' 따위와 같이 쓴다. 이것은 세로를 먼저 쓰고 뒤에 가로획을 쓰니 다른 글자와는 쓰는 순서가 다르다. 간추려 말하면,

初聲在中聲左上이요 挹[ㆆ]欲[ㅇ]於諺用相同이라.
초성재중성좌상 읍 욕 어언용상동

첫소리는 가운뎃소리의 왼쪽과 위쪽에 쓰는데 'ㆆ'과 'ㅇ'이 토박이말에서는 서로 같이 쓰이네.

中聲十一附初聲이요 圓横書下右書縱이라.
중성십일부초성 원횡서하우서종

가운뎃소리 열한 글자는 첫소리에 붙는데 둥근 것(・)과 가로인 것(ㅡ)은 (첫소리) 아래에 쓰고 오른쪽에는 세로인 것(ㅣ)을 쓰네.

欲書終聲在何處
初中聲下接着寫
初終合用各並書
中亦有合悉自左
諺之四聲何以辨
平聲則弓上則石
刀為去而筆為入
觀此四物他可識

欲書終聲在何處요 初中聲下接着寫라.
욕서종성재하처　　초중성하접착사

끝소리를 쓰고자 한다면 어느 위치에 둘 것인가? 첫소리와 가운뎃소리 아래에 붙여서 쓰네.

初終合用各並書요 中亦有合悉自左라.
초종합용각병서　　중역유합실자좌

첫소리와 끝소리를 합하여 쓰려면 각각 나란히 쓰고 가운뎃소리도 합하여 쓸 때가 있으니 모두 왼쪽부터 쓰네.

諺之四聲何以辨이오 平聲則弓[**활**]上則石[**돌**]이라.
언지사성하이변　　평성즉궁　　상즉석

토박이말에서 사성은 어떻게 분별할까? 평성은 '**활**(활)'이고 상성은 '**돌**(돌)'이네.

刀[**·갈**]爲去而筆[**·붇**]爲入이니 觀此四物他可識이라.
도　　위거이필　　위입　　관차사물타가식

'**·갈**(칼)'은 거성이고 '**·붇**(붓)'은 입성이 되니 이 네 가지의 경우를 보면 다른 것도 알 수 있네.

音因左點四聲分
一去二上無點平
語入無定亦加點
文之入則似去聲
方言俚語萬不同
有聲無字書難通
一朝
制作侔神工

音因左點四聲分하니 一去二上無點平이라.
음인좌점사성분　　이거이상무점평

소리를 바탕으로 하여 왼쪽의 점을 통해 사성을 구분하니 점이 하나면 거성, 둘이면 상성, 점이 없으면 평성이네.

語入無定亦加點이니 文之入則似去聲이라.
어입무정역가점　　문지입즉사거성

토박이말에서 입성은 일정하지 않으나 (평성, 상성, 거성과) 마찬가지로 점을 찍는데 한자음의 입성은 거성과 유사하네.

方言俚語萬不同하여 有聲無字書難通이라.
방언리언만불동　　유성무자서난통

사투리(方言)나 속어(俚語)가 모두 달라, 소리는 있으나 자서가 없어(有聲無字書) 소통이 어려웠네.

一朝制作侔神工하니
일조제작모신공

하루아침에 신과 같은 솜씨로 지으셨으니

大東千古開矇矓

用字例

初聲ㄱ。如:감爲柹。:골爲蘆。ㅋ。如우·케爲未舂稻。콩爲大豆。ㆁ。如러爲獺。서·에爲流凘。ㄷ。如·뒤爲芧。·담爲墻。ㅌ。如고·티爲繭。ᄃᆞ텁爲蟾蜍。ㄴ。如노로爲獐。납爲猿。ㅂ。如볼爲臂。:벌爲蜂。ㅍ。如·파爲葱。·풀爲蠅。ㅁ。

大東千古開矇矓이라.
대동천고개몽롱

우리나라(大東)의 천고의 세월에 어둠을 여시었네.

용자례(用字例)

初聲ㄱ은 如:감爲柿요 ·골爲蘆니라.
초성 여 위시 위로

ㅋ은 如우케爲未舂稻요 콩爲大豆니라.
여 위미용도 위대두

ㆁ은 如러·울爲獺이요 서에爲流澌니라.
여 위달 위류시

ㄷ은 如·뒤爲茅요 ·담爲墻이니라.
여 위모 위장

ㅌ은 如고·티爲繭이요 두텁爲蟾蜍니라.
여 위견 위섬여

ㄴ은 如노로爲獐이요 납爲猿이니라.
여 위장 위원

ㅂ은 如볼爲臂요 :벌爲蜂이니라.
여 위비 위봉

ㅍ은 如·파爲葱이요 ·풀爲蠅이니라.
여 위총 위승

첫소리 'ㄱ'은 ':감(감), ·골(갈대)'과 같이 쓴다. 'ㅋ'은 '우케(아직 찧지 않은 벼)', '콩(콩)'과 같이 쓴다. 'ㆁ'은 '러·울(너구리), 서에(성에)'와 같이 쓴다. 'ㄷ'은 '·뒤(띠)', '·담(담)'과 같이 쓰며, 'ㅌ'은 '고·티(고치), 두텁(두꺼비)'과 같이 쓴다. 'ㄴ'은 '노로(노루)', '납(원숭이)'과 같이 쓴다. 'ㅂ'은 '볼(팔), :벌(벌)'과 같이 쓴다. 'ㅍ'은 '·파(파), ·풀(파리)'과 같이 쓴다.

如:뫼爲山。·마爲薯萸。ㅸ。如사·ᄫᅵ爲
蝦。드·ᄫᅵ爲瓠。ㅈ。如·자爲尺。죠·ᄒᆡ爲
紙。ㅊ。如·체爲籭。·채爲鞭。ㅅ。如·손爲
手。:셤爲島。ㅎ。如·부헝爲鵂鶹。·힘爲
筋。ㅇ。如·비육爲鷄雛。·ᄇᆞ얌爲蛇。ㄹ。
如·무뤼爲雹。어·름爲氷。ㅿ。如아·ᅀᆞ
爲弟。:너ᅌᅵ爲鴇。中聲·。如·ᄐᆞᆨ爲頤。
·ᄑᆞᆺ爲小豆。ᄃᆞ리爲橋。·ᄀᆞ래爲楸。ㅡ。

ㅁ은 如[:뫼]爲山이요 ·마爲薯萸니라.
여 위산 위서여

ㅸ은 如사·ᄫᅵ爲蝦요 드·ᄫᅴ爲瓠니라.
여 위하 위호

ㅈ은 如·자爲尺이요 죠·ᄒᆡ爲紙니라.
여 위척 위지

ㅊ은 如·체爲籭요 ·채爲鞭이니라.
여 위사 위편

ㅅ은 如·손爲手요 :셤爲島니라.
여 위수 위도

ㅎ은 如·부헝爲鵂鶹요 ·힘爲筋이니라.
여 위휴류 위근

ㅇ은 如·비육爲鷄雛요 ·ᄇᆞ얌爲蛇니라.
여 위계추 위사

ㄹ은 如·무뤼爲雹이요 어·름爲氷이니라.
여 위박 위빙

ㅿ은 如아ᅀᆞ爲弟요 :너ᅀᅵ爲鴇니라.
여 위제 위보

'ㅁ'은 ':뫼(산), ·마(마)'와 같이 쓴다. 'ㅸ'은 '사·ᄫᅵ(새우), 드·ᄫᅴ(뒤웅박)'과 같이 쓴다. 'ㅈ'은 '·자(자), 죠·ᄒᆡ(종이)'와 같이 쓴다. 'ㅊ'은 '·체(체), ·채(채찍)'와 같이 쓴다. 'ㅅ'은 '·손(손), :셤(섬)'과 같이 쓴다. 'ㅎ'은 '·부헝(부엉이), ·힘(힘줄)'과 같이 쓴다. 'ㅇ'은 '·비육(병아리), ·ᄇᆞ얌(뱀)'과 같이 쓴다. 'ㄹ'은 '·무뤼(우박), 어·름(얼음)'과 같이 쓴다. ㅿ는 '아ᅀᆞ(아우), :너ᅀᅵ(너새)'와 같이 쓴다.

中聲ㆍ는 如·ᄐᆞᆨ爲이요 ·ᄑᆞᆺ爲小豆요 ᄃᆞ리爲橋요 ·ᄀᆞ래爲楸니라.
중성 여 위 위소두 위교 위추

가운뎃소리 'ㆍ'는 '·ᄐᆞᆨ(탁), ·ᄑᆞᆺ(팥), ᄃᆞ리(다리), ·ᄀᆞ래(가래나무)'와 같이 쓴다.

如:뫼為山。·마為薯藇。ㅸ。如사·ᄫᅵ為
蝦。드ᄫᅴ為瓠。ㅈ。如·자為尺。죠ᄒᆡ為
紙。ㅊ。如·체為簏。·채為鞭。ㅅ。如·손為
手。:셤為島。ㅎ。如·부헝為鵂鶹。·힘為
筋。ㅇ。如·비육為鷄雛。·ᄇᆡ얌為蛇。ㄹ。
如·무뤼為雹。어·름為氷。ㅿ。如아·ᅀᆞ
為弟。:너ᅀᅵ為鴇。中聲ㆍ。如·ᄐᆞᆨ為頤。
·ᄑᆞᆺ為小豆。ᄃᆞ리為橋。·ᄀᆞ래為楸。ㅡ。

ㅡ는 如·믈爲水요 ·발·측爲跟이요 그력爲鴈이요 드·레爲汲器니라.
여 위수 위근 위안 위급기

ㅣ는 如·깃爲巢요 :밀爲蠟이요 ·피爲稷이요 ·키爲箕니라.
여 위소 위랍 위직 위기

ㅗ는 如·논爲水田이요 ·톱爲鉅요 호·ᄆᆡ爲鉏요 벼·로爲硯이니라.
여 위수전 위거 위서 위연

ㅏ는 如·밥爲飯이요 ·낟爲鎌이요 이·ᅀᅡ爲綜이요 사·ᄉᆞᆷ爲鹿이니라.
여 위반 위겸 위종 위록

ㅜ는 如숫爲炭이요 ·울爲籬요 누·에爲蚕이요 구·리爲銅이니라.
여 위탄 위리 위잠 위동

ㅓ는 如브ᅀᅥᆸ爲竈요 :널爲板이요 서·리爲霜이요 버·들爲柳니라.
여 위조 위판 위상 위류

ㅛ는 如:죵爲奴요 ·고욤爲梬이요
여 위노 위영

'ㅡ'는 '·믈(물), ·발·측(발꿈치), 그력(기러기), 드·레(두레박)'와 같이 쓴다. 'ㅣ'는 '·깃(둥지), :밀(밀랍), ·피(피), ·키(키)'와 같이 쓴다. 'ㅗ'는 '·논(논), ·톱(톱), 호·ᄆᆡ(호미), 벼·로(벼루)'와 같이 쓴다. 'ㅏ'는 '·밥(밥), ·낟(낫), 이·ᅀᅡ(잉아), 사·ᄉᆞᆷ(사슴)'과 같이 쓴다. 'ㅜ'는 '숫(숯), ·울(울타리), 누·에(누에), 구·리(구리)'와 같이 쓴다. 'ㅓ'는 '브ᅀᅥᆸ(부엌), :널(널빤지), 서·리(서리), 버·들(버드나무)'과 같이 쓴다. 'ㅛ'는 '·죵(종, 노비), ·고욤(고욤나무),

為栲。·쇼為牛。삽됴為蒼朮菜。ㅑ。如
남샹為龜。약為鼅鼊。다·야為匜。쟈
감為蕎麥皮。ㅠ。如율믜為薏苡。쥭
為飯㮃。슈·룹為雨繖。쥬련為帨。ㅕ
如·엿為飴餹。·뎔為佛寺。·벼為稻。:져
비為燕。終聲ㄱ。如닥為楮。독為甕。
ㆁ。如굼벙為蠐螬。·올창為蝌蚪。ㄷ。
如·갇為笠。싣為楓。ㄴ。如·신為屨。:반

쇼爲牛요 **삽됴**爲蒼朮菜니라.
위우 위창출채

'**쇼**(소), **삽됴**(삽주)'와 같이 쓴다.

ㅑ는 如**남샹**爲龜요 **약**爲鼅鼊이요 **다·야**爲匜요 **쟈감**爲蕎麥皮니라.
여 위귀 위구벽 위이 위교맥피

ㅠ는 如**율믜**爲薏苡요 **쥭**爲飯喿요 **슈·룹**爲雨繖이요 **쥬련**爲帨니라.
여 위의이 위반초 위우산 위세

ㅕ는 如**·엿**爲飴餹이요 **·뎔**爲佛寺요 **·벼**爲稻요 **:져비**爲燕이니라.
여 위이당 위불사 위도 위연

'**ㅑ**'는 '**남샹**(남생이), **약**(거북), **다·야**(손대야), **쟈감**(메밀껍질)'과 같이 쓴다. '**ㅠ**'는 '**율믜**(율무), **쥭**(밥주걱), **슈·룹**(우산), **쥬련**(수건)'과 같이 쓴다. '**ㅕ**'는 '**·엿**(엿), **·뎔**(절), **·벼**(벼), **:져비**(제비)'와 같이 쓴다.

종성**ㄱ**은 如**닥**爲楮요 **독**爲甕이니라.
여 위저 위옹

ㆁ은 如**·굼벙**爲蠐螬요 **·올창**爲蝌蚪니라.
여 위제조 위과두

ㄷ은 如**·갇**爲笠이요 **싣**爲楓이니라.
여 위립 위풍

ㄴ은 如**·신**爲屨요 **·반되**爲螢이니라.
여 위구 위형

끝소리 '**ㄱ**'은 '**닥**(닥나무), **독**(독, 항아리)'과 같이 쓴다. '**ㆁ**'은 '**:굼벙**(굼벵이), **·올창**(올챙이)'과 같이 쓴다. '**ㄷ**'은 '**·갇**(삿갓), **싣**(신나무)'과 같이 쓴다. '**ㄴ**'은 '**·신**(신), **·반되**(반딧불이)'와 같이 쓴다.

되為螢。ㅂ。如셥為薪。·굽為蹄。ㅁ。如
:범為虎。:심為泉。ㅅ。如·잣為海松。ㅇ。如·뭇
為池。ㄹ。如·ᄃᆞᆯ為月。:별為星之類。
有天地自然之聲。則必有天地
自然之文。所以古人因聲制字。
以通萬物之情。以載三才之道。
而後世不能易也。然四方風土
區別。聲氣亦隨而異焉。蓋外國

ㅂ은 如섭爲薪이요 ·굽爲蹄니라.
여 위신 위제

ㅁ은 如:범爲虎요 :ᄉᆡᆷ爲泉이니라.
여 위호 위천

ㅅ은 如:잣爲海松이요 ·못爲池니라.
여 위해송 위지

ㄹ은 如·ᄃᆞᆯ爲月이요 :별爲星之類니라.
여 위월 위성지류

'ㅂ'은 '섭(섶나무), ·굽(발굽)'과 같이 쓴다. 'ㅁ'은 ':범(범, 호랑이), :ᄉᆡᆷ(샘)'과 같이 쓴다. 'ㅅ'은 ':잣(잣나무), ·못(연못)'과 같이 쓴다. 'ㄹ'은 '·ᄃᆞᆯ(달), :별(별)' 따위와 같이 쓴다.

정인지 서문(鄭麟趾 序)

有天地自然之聲이면 則必有天地自然之文이니라.
유천지자연지성 즉필유천지자연지문

所以古人因聲制字하여 以通萬物之情하고 以載三才之道하니
소이고인인성제자 이통만물지정 이재삼재지도

而後世不能易也니라.
이후세불능역야

천지자연의 소리가 있으면 반드시 천지자연의 글자가 있어야 한다. 그러므로 옛 사람이 소리에 따라 글자를 만들어 만물의 뜻(情)을 통하게 하였고 삼재(天地人)의 이치를 실었으니 후세 사람이 능히 (글자를) 바꿀 수 없었다.

然四方風土區別이요 聲氣亦隨而異焉이니라.
연사방풍토구별 성기역수이이언

그러나 동서남북 사방의 풍토가 다르고 말소리의 기운도 또한 서로 다르다.

之語。有其聲而無其字。假中國之字以通其用。是猶枘鑿之鉏語也。豈能達而無礙乎。要皆各隨所處而安。不可强之使同也。吾東方禮樂文章。侔擬華夏。但方言俚語。不與之同。學書者患其旨趣之難曉。治獄者病其曲折之難通。昔新羅薛聰。始作吏

盖外國之語는 有其聲而無其字하여 假中國之字以通其用하니라.
개외국지어 유기성이무기자 가중국지자이통기용

是猶枘鑿之鉏鋙也니 豈能達而無礙乎아?
시유예착지서어야 기능달이무애호

要皆各隨所處而安이요 不可强之使同也니라.
요개각수소처이안 불가강지사동야

대개 나라 밖(外國)의 말은 그 소리는 있으나 글자가 없어, 나라 안의 문자(中國之字)를 빌려 사용하여 통하고 있다. 이것은 모난 자루를 둥근 구멍(枘鑿)에 끼운 것처럼 서로 어긋나는 일이어서 어찌 능히(소통하는 데) 막힘이 없을 수 있겠는가? 요컨대 (글자란) 모두 각자 사는 곳에 따라서 정해지는 것이지 억지로 모두 같은 글자를 쓰게 할 수는 없는 것이다.

吾東方禮樂文章은 侔擬華夏나 但方言俚語가 不與之同이니
오동방예락문장 모의화하 단방언리어 불여지동

學書者患其旨趣之難曉요 治獄者病其曲折之難通이니라.
학서자환기지취지난효 치옥자병기곡절지난통

우리 조선(東方)은 예악(禮樂)과 문장(文章)이 화하(華夏)와 견줄만한데 다만 사투리와 속어가 동일하지 않아서 글을 배우는 자가 그 의미를 깨치는 데 어려워하고 법을 다루는 자는 그 곡절을 판단하기 어려워 괴로워하였다.

昔新羅薛聰이 始作吏讀하여
석신라설총 시작이독

옛날 신라의 설총이 처음으로 이두를 만들어

讀。官府民間。至今行之。然皆假
字而用。或澁或窒。非但鄙陋無
稽而已。至於言語之間。則不能
達其萬一焉。癸亥冬。我
殿下創制正音二十八字。略揭
例義以示之。名曰訓民正音。象
形而字倣古篆。因聲而音叶七
調。三極之義。二氣之妙。莫不該

官府民間에 至今行之나 然皆假字而用이니 惑澁惑窒이니라.
관부민간 지금행지 연개가자이용 혹삽혹질

非但鄙陋無稽而已요 至於言語之間에는 則不能達其萬一焉이니라.
비단비루무계이이 지어언어지간 즉불능달기만일언

관청과 민간에서 지금까지도 쓰고 있지만 모두 한자를 빌려 쓰기 때문에 어떤 것은 어색하고 어떤 것은 (우리말과) 들어맞지 않는다. (이두를 쓰는 것은) 비단 속되고 근거가 없을 뿐만 아니라 실제 말을 전달하는 데는 그 만분의 일도 반영하지 못하였다.

癸亥冬에 我殿下創制正音二十八字하여
계해동에 아전하창제정음이십팔자

略揭例義以示之하시니 名曰訓民正音이니라.
약게례의이시지 명왈훈민정음

계해년 겨울(1443년 12월)에 우리 전하께서 바른소리 스물여덟 자를 창제하여 간략한 '예의(例義)를 들어보이시며 그 이름을 훈민정음이라고 하셨다.

象形而字倣古篆하되 因聲而音叶七調니라.
상형이자방고전 인성이음협칠조

三極之義와 二氣之妙가 莫不該括이니라.
삼극지의 이기지묘 막불해괄

형상을 본뜨되(常形) 글자 모양을 고전(古篆)을 모방하였고 소리의 원리에 따르되 그 음률(音)은 칠조(七調) 가락과 화합한다. (천지인) 삼극의 뜻과 (음양) 이기의 오묘함을 모두 갖추었다.

括。以二十八字而轉換無窮。簡
而要。精而通。故智者不終朝而
會。愚者可浹旬而學。以是解書
可以知其義。以是聽訟。可以得
其情。字韻則清獨之能辨。樂歌
則律呂之克諧。無所用而不備。
無所往而不達。雖風聲鶴唳。雞
鳴狗吠。皆可得而書矣。遂

以二十八字而轉換無窮하고 簡而要하며 精而通이니라.
이이십팔자이전환무궁 간이요 정이통

故智者不終朝而會요 愚者可浹旬而學이니라.
고지자불종조이회 우자가협순이학

스물여덟 글자를 가지고도 전환이 무궁하고 간단하면서도 요점을 잘 드러내며 정밀한 뜻을 담으면서도 널리 통한다. 따라서 지혜로운 자는 아침 한나절이면 배우고, 우매한 자도 열흘이면 배울 수 있다.

以是解書면 可以知其義요 以是聽訟이면 可而得其情이니라.
이시해서 가이지기의 이시청송 가이득기정

이 글자로써 글(한문)을 풀이하면 그 뜻을 알 수 있고 이것으로 송사를 다루면 그 사정을 알 수 있다.

字韻則淸濁之能辯이요 樂歌則律呂之克諧니라.
자운즉청탁지능변 악가즉율려지극해

無所用而不備요 無所往而不達이니라.
무소용이불비 무소왕이불달

글자 소리로는 맑은소리, 탁한소리를 능히 분별할 수 있고 악가(樂歌)로는 율려(律呂)와 능히 화합할 수 있다. 사용하기에 모든 게 갖춰졌으며 하고자 하는 곳에 도달하지 못할 게 없다.

雖風聲鶴唳와 雞鳴狗吠라도 皆可得而書矣니라.
수풍성학려 계명구폐 개가득이서의

바람 소리, 학의 울음 소리, 닭 우는 소리, 개 짖는 소리도 모두 글자로 적을 수 있다.

命詳加解釋。以喩諸人。於是。臣
與集賢殿應教臣崔恒。副校理
臣朴彭年。臣申叔舟。修撰臣成
三問。敦寧府注簿臣姜希顔。行
集賢殿副修撰臣李塏。臣李善
老等。謹作諸解及例。以敍其梗
槩。庶使觀者不師而自悟。若其
淵源精義之妙。則非臣等之所

命詳加解釋하여 以喩諸人하시니라.
명상가해석 이유제인

드디어 (임금께서) 자세한 풀이를 더하여 모든 사람들을 깨우치도록 분부하시었다.

於是에 臣與集賢殿凝膠臣崔恒, 副校理臣朴彭年, 臣申叔舟,
어시 신어집현전응교신최항 부교리신박팽년 신신숙주

修撰臣成三問, 敦寧府注簿臣姜希顔, 行集賢殿副修撰臣李塏,
수찬신성이문 돈령부주부신강희안 행집현전부수찬신이개

臣李善老等, 謹作諸解及例, 以敍其梗槩하니라.
신이선로등 근작제해급례, 이서기경개

이에 신(정인지)이 집현전 응교 최항, 부교리 박팽년과 신숙주, 수찬 성삼문, 돈령부 주부 강희안, 행 집현전 부수찬 이개와 이선로 등과 더불어 삼가 여러 풀이와 예를 만들어 간략하게 서술하였다.

庶使觀者로 不師而自悟니라.
서사관자 불사이자오

若其淵源精義之妙는 則非臣等之所能發揮也니라.
약기연원정의지묘 즉비신등지소능발휘야

보는 사람으로 하여금 스승 없이도 스스로 깨치게 되기를 바라셨으나 그 깊은 연원과 정밀한 뜻은 신묘하여 신들이 능히 밝힐 수 있는 바가 아니었다.

能叢揮也。恭惟我
殿下。天縱之聖。制度施為超越
百王。正音之作。無所祖述。而成
於自然。豈以其至理之無所不
在。而非人為之私也。夫東方有
國。不為不久。而開物成務之
大智。蓋有待於今日也歟。正統
十一年九月上澣。資憲大夫禮

恭惟我殿下, 天縱之聖으로 制度施爲超越百王이시니라.
공유아전하　천종지성　　제도시위초월백왕

삼가 생각하옵건대, 우리 전하께서는 하늘이 내린 성인으로서 제도를 베풀어 행하심이 모든 왕을 초월하시었다.

正音之作이 無所祖述이요 而成於自然이니라.
정음지작　무소조술　　이성어자연

바른소리의 창제는 옛 조상의 것을 이은 게 아니라 자연의 이치에 따른 것이다.

豈以其至理之無所不在요 而非人爲之私也니라.
기이기지리지무소부재　　이비인위지사야

참으로 그 지극한 이치가 닿지 않는 곳이 없으니 이는 사람이 사사로이 이룬 것이 아니다.

夫東方有國이 不爲不久이되 而開物成務之大智는 皆有待於今日也欤니라.
부동방유국　　불위불구　　　이개물성무지대지　　개유대어금일야여

무릇 동방에 나라가 있은 지가 비록 오래 되었지만 만물의 이치를 깨달아 모든 일을 이루는(開物成務) 큰 지혜는 아마도 오늘을 기다리고 있었던 것이 아니겠는가.

正統十一年九月上澣에
정통십일년구월상한

정통 11년 9월 상순(세종 28년, 1446년 9월 10일)에

曹判書集賢殿大提學知春秋
館事 世子右賓客 臣 鄭麟趾
拜手稽首謹書

訓民正音

자헌대부 예조판서 집현전 대제학 지춘추
관사 세자우빈객 신 정인지
배수계(두손 모아 절하고) 수근서(머리 조아
려) 삼가 씁니다

훈민정음

훈민정음 만세 만만세

靈山堂 金憲均

해 설

부록

一、制字解

二、훈민정음 풀이 견본

三、함허당 득통

四、수암당 신미 ○정인지

五、질문과 대답

六、결론

제자해

훈 민 정 음

一、자음 제자 원리

∘ 상형의 원리 : 자음 기본자는 발음기관의 모양을 본떠서 만듦

(ㄱ) 혀뿌리가 목구멍을 닫는 모양 어금닛소리 (아음)

(ㄴ) 혀가 윗잇몸에 붙는 모양 혓소리 (설음)

(ㅁ) 입 모양을 본떠서 만듦 입술소리(순음)

(ㅅ) 잇소리 치아의 모양 잇소리 (치음)

(ㅇ) 목구멍 모양을 본떠 만듦 목구멍소리(후음)

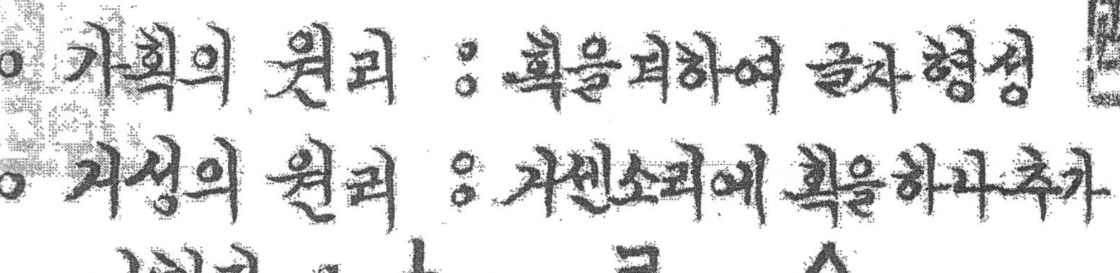

- 가획의 원리 : 획을 더하여 글자 형성
- 가성의 원리 : 기본소리에 획을 하나 추가
- 이체자 : ㆁ ㄹ ㅿ
  옛이응 반설 반치
- 연서 : ㅁ、ㅂ、ㅍ과 ㅇ을 세로로
  (순경음) 연결하여 사용 ㅱ ㅸ ㆄ
- 병서 : ㄱ ㄷ ㅂ ㅅ ㅈ ㅎ을 가로로
  나란히 써서 사용
  ㄲ ㄸ ㅃ ㅆ ㅉ ㆅ
  필요에 따라 ㅺ ㅼ ㅽ ㅳ ㅵ로 쓰임

二、음·양 오행의 원리

닿소리	ㄱㅋㆁ	ㄷㅌㄴ(ㄹ)	ㅂㅍㅁ	ㅈㅊㅅ(ㅿ)	ㆆㅎㅇ
오행	木	火	土	金	水
오음	각	치	궁	상	우
사계	봄	여름	늦여름	가을	겨울
방위	동	남	중앙	서	북
발성기관	아	설	순	치	후
오방사수 (오방색)	좌청룡	남주작	황룡	우백호	북현무

三. 모음의 제자 원리

ㅇ 기본글자 ㆍ ㅡ ㅣ
天 地 人

ㅇ 초출자 : ㅗ ㅏ ㅜ ㅓ

ㅇ 재출자 : ㅛ ㅑ ㅠ ㅕ

ㅇ 태호복희 : 河圖 하도

● 음
◉ 양

南 화
七 천칠생화
二 지이생화
東 목
三 천삼생목
八 지팔성목
토 五 천오생토
十 지십성토
금 西
四 지사생금
九 천구성금
一 천일생수
六 지육성수
수
北

ㅇ 정인지 서문중 天地人三才 五行 원리 (河圖의 모음제자)

"천지 자연의 소리가 있으면 반드시 천지자연의 글자가 있어야 한다. 옛사람이 소리에 따라 글자를 만들어 만물의 뜻을 통하게 하였고 삼재의 이치를 실었으니 후세 사람이 능히 바꿀수 없었다"

ㆍ ㅡ ㅣ ㅗ ㅏ ㅜ ㅓ ㅛ ㅑ ㅠ ㅕ

ㅇ하도상생도
天(훈민정음)

•天
ㅡ地
ㅣ人
ㅗ ㅏ ㅜ ㅓ ㅛ ㅑ ㅠ ㅕ

ㅛ ㅜ 火 2.7 ㄷㅌㄴ

ㅂㅍㅁ 土 5.10 •天 ㅡ地

ㅕ ㅏ 木 8 3 ㅋ ㅇ

ㅅ ㅈ 金 ㅓ ㅑ 4.9

ㆆㅎㅇ 水 1.6 ㅗ ㅠ

ㅇ낙서상극도
(가림토)

ㅇ天
•人
ㅡ地
ㅗ ㅏ ㅓ ㅜ ㅗ ㅑ ㅕ ㅛ ㅠ

ㅓ ㅑ 4.9 金 ㅅ

ㅕ ㅏ 3.8 木 ㄱ → 土 ㅁ 5 → 火 2.7 ㄴ ㅜ ㅛ

ㅇ 水 1.6 ㅗ ㅠ

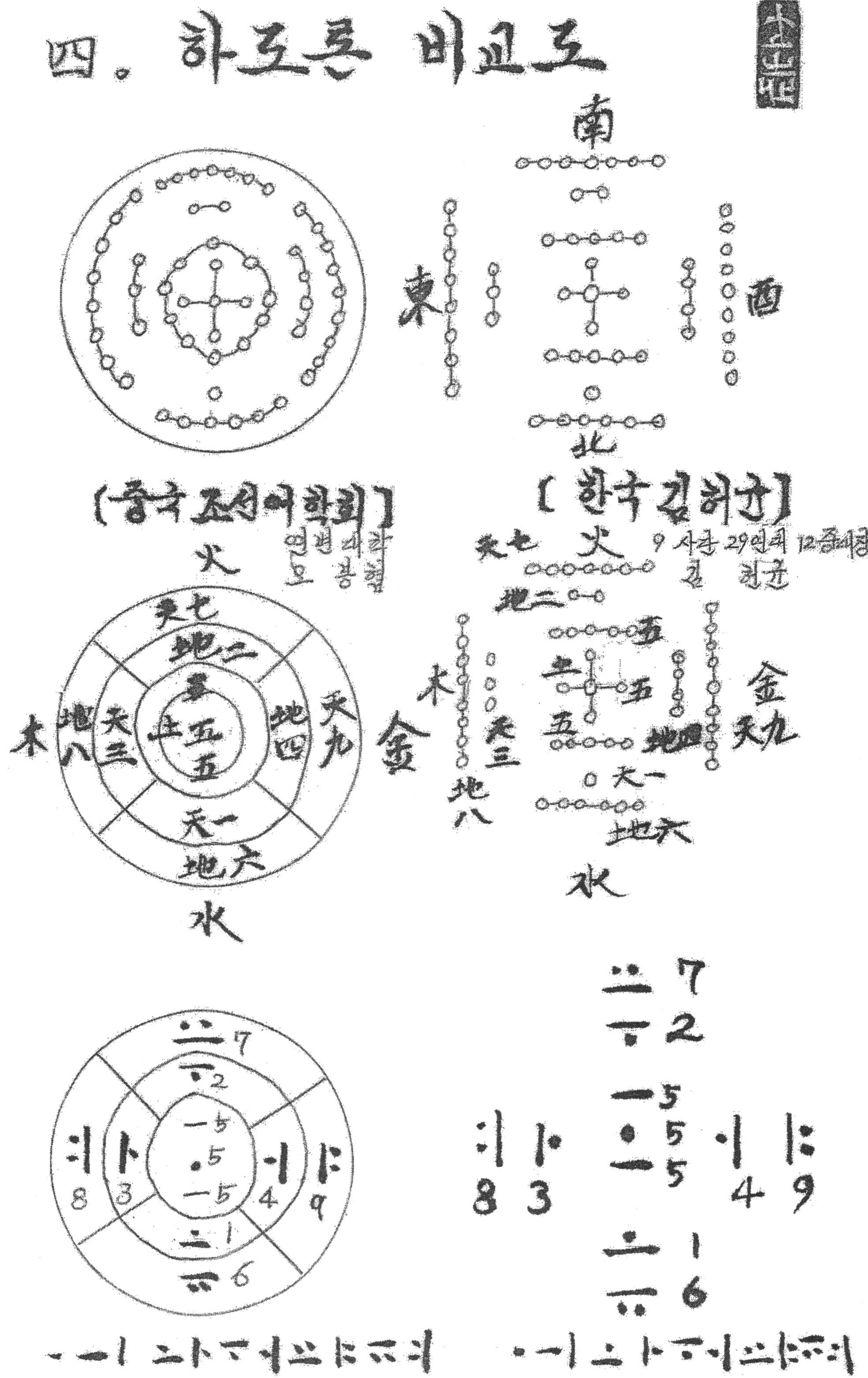
四. 하도론 비교도
南
東
西
北
[중국 조선어학회]
[한국 김허균]
火
天七
地二
五
天三
地八
木
地四
天九
金
天一
地六
水
7
2
5
5
5
8 3
4 9
1
6

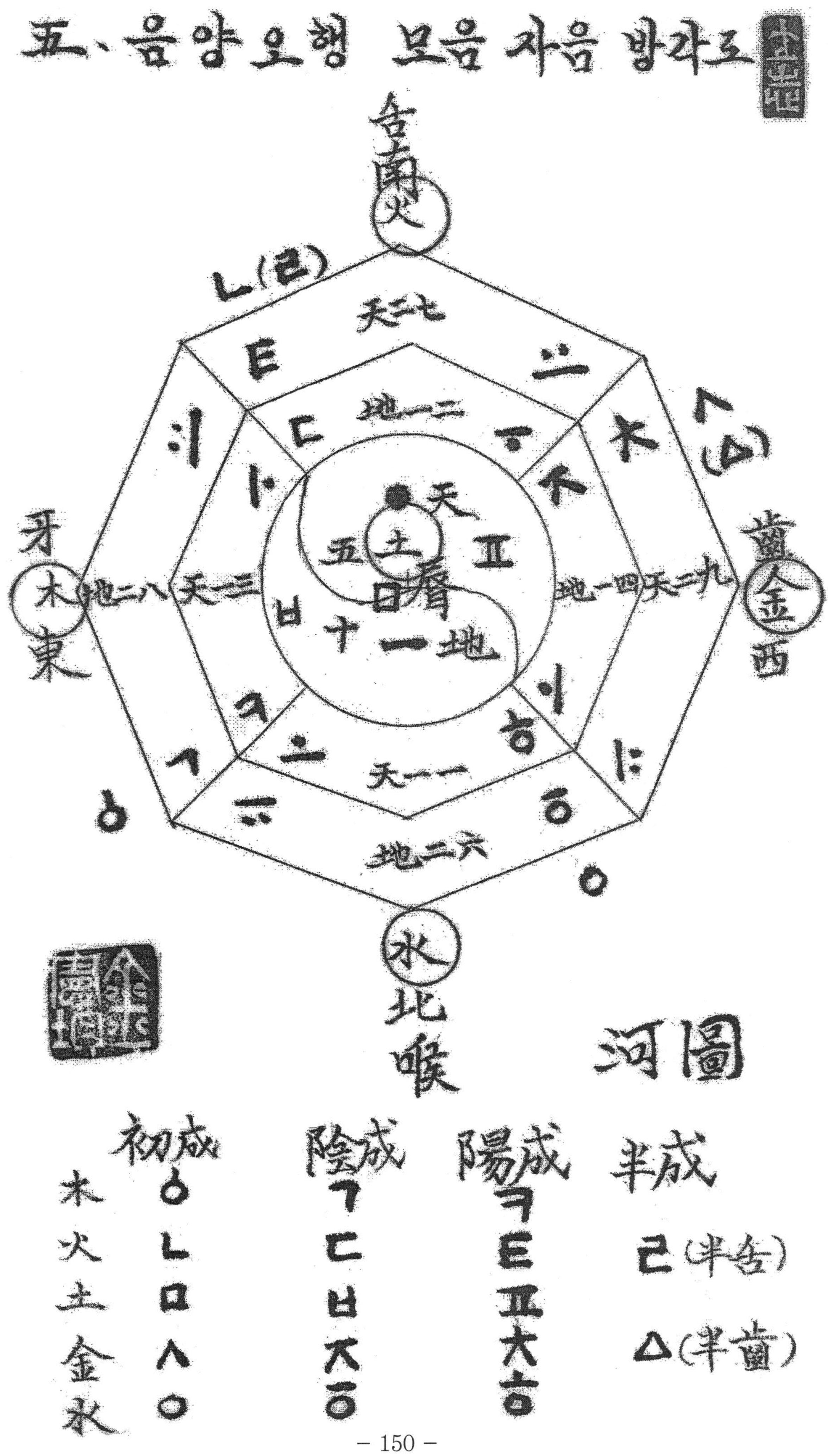
五、음양오행 모음 자음 방각도
舌南火
牙木東
齒金西
水北喉
天二七
地一二
天三
地二八
地一四天二九
天一一
地二六
天
地
五
土
唇
河圖
初成 陰成 陽成 半成
木 ㆁ ㄱ ㅋ
火 ㄴ ㄷ ㅌ ㄹ(半舌)
土 ㅁ ㅂ ㅍ
金 ㅅ ㅈ ㅊ ㅿ(半齒)
水 ㅇ ㆆ ㅎ

六、天竺字源 訓民正音

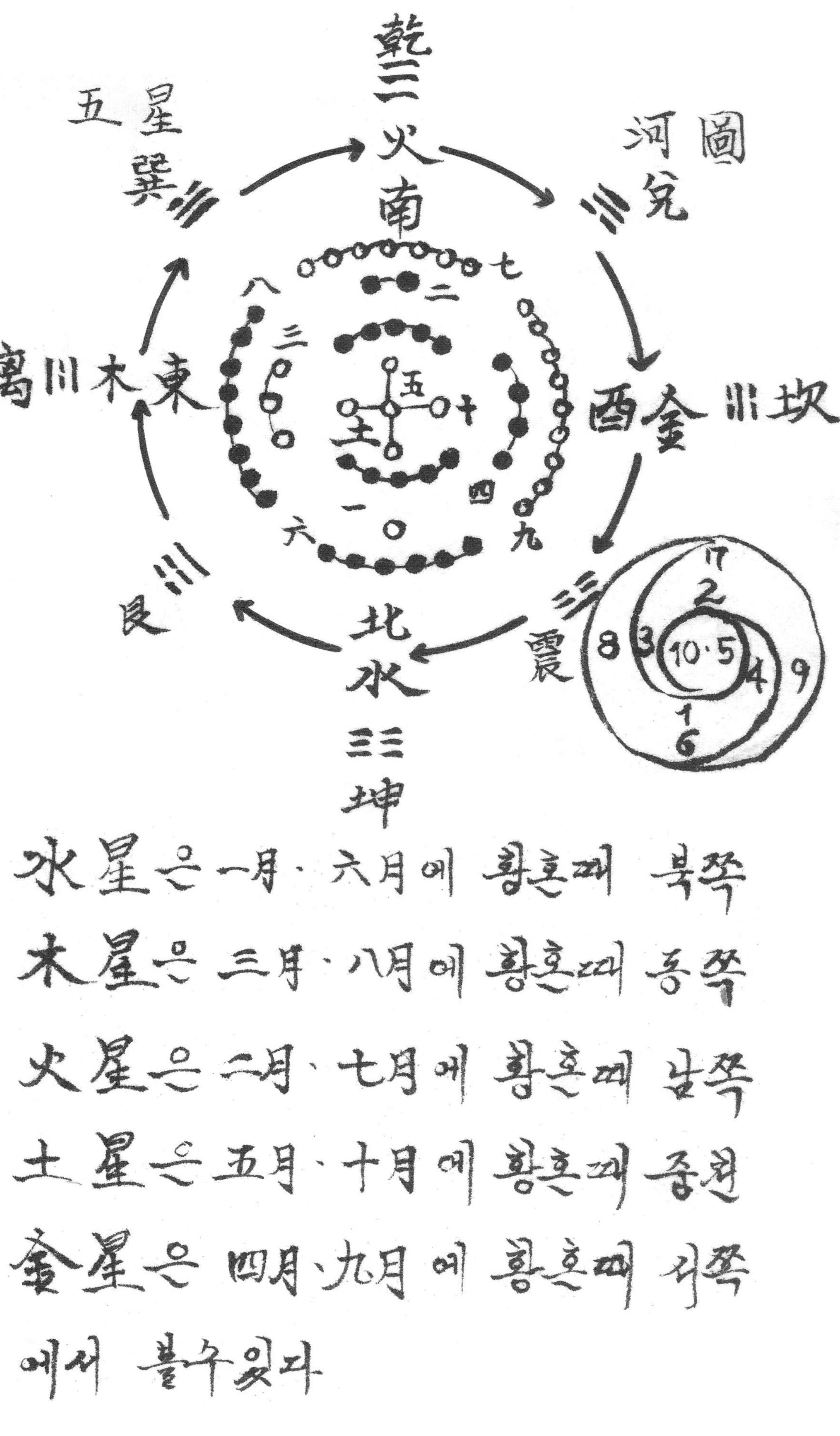

水星은 一月·六月에 황혼때 북쪽
木星은 三月·八月에 황혼때 동쪽
火星은 二月·七月에 황혼때 남쪽
土星은 五月·十月에 황혼때 중천
金星은 四月·九月에 황혼때 서쪽
에서 볼수있다

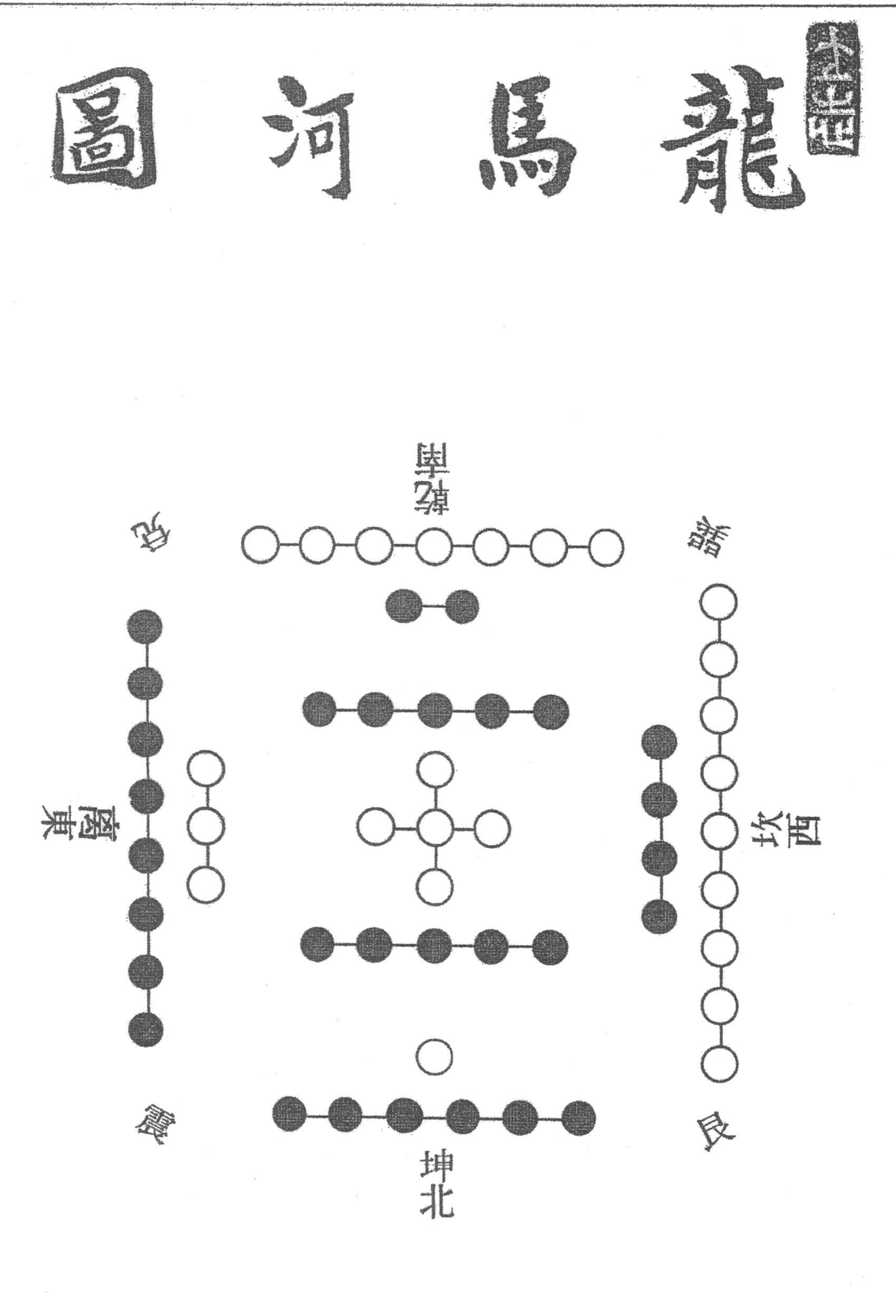

龍馬河圖
乾南
兌
巽
離東
坎西
震
艮
坤北

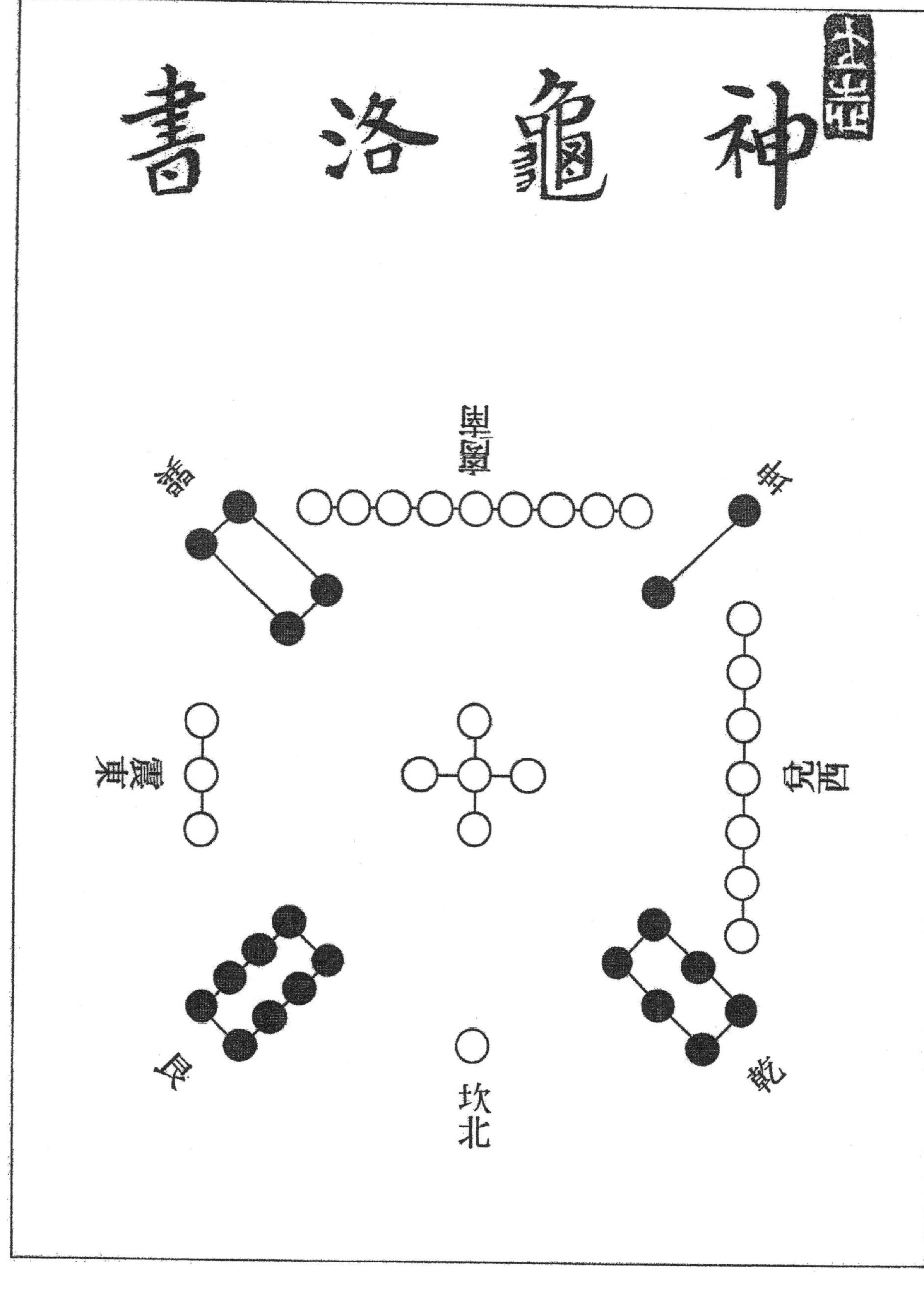
神龜洛書
離南
巽
坤
震東
兌西
艮
坎北
乾

훈 민 정 음 풀 이

백성을 가르치는 바른소리 해례

글자 만든 원리

하늘과 땅의 원리는 오로지 음양오행 뿐이다
곤괘 복괘 사이에 태극이 되고, 움직였다 멈춘 후 음양
이 된다. 무릇 하늘과 땅 사이에 살아있는 것들이
음양을 버리면 어떻게 될 것인가. 그러므로 사람
의 소리에도 음양이 있는데 깨닫지 못할 뿐이다. 지금
바른소리를 만든 것은 억지로 구한 것이 아니라 다만 그
소리의 원리에 따라 이치를 다했을 뿐이다.

원리란 본래 둘이 아니므로 어찌 천지귀신과 그 작용을 같이 하지 않겠는가 바른 소리 스물여덟자는 각각 그 형태를 본떠 만들었다

첫소리는 열일곱자이다. 어금닛소리 ㄱ은 혀뿌리가 목구멍을 닫는 형태를 본떴다. 혓소리 ㄴ은 혀가 윗잇몸에 붙는 형태를 본떴다. 입술소리 ㅁ은 입모양을 본뜨고 ㅅ은 치아 모양을 본뜨고 목구멍소리 ㅇ은 목구멍 모양을 본뜬 것이다. ㅋ은 ㄱ에 비하여 소리가 거세게 나므로 획을 더했다. ㄴ에서 ㄷ으로 ㄷ에서 ㅌ으로

가운뎃 소리는 모두 열한자이다 • 는 혀를 오므려서 소리가 깊으니 子時에 열리는 것과 같다 둥근 모양은 하늘을 본뜬 것이다。ㅡ 는 혀를 조금 오므려서 소리가 깊지 않으며、얕지 않으니、땅이 丑時에 열리는 것 같다、평평한 모양은 땅을 본떴다。

ㅣ는 혀를 오므리지 않아 소리가 얕으니 寅時에 생긴 것과 같다 일어선 모양은 사람을 본뜬 것이다。

河圖

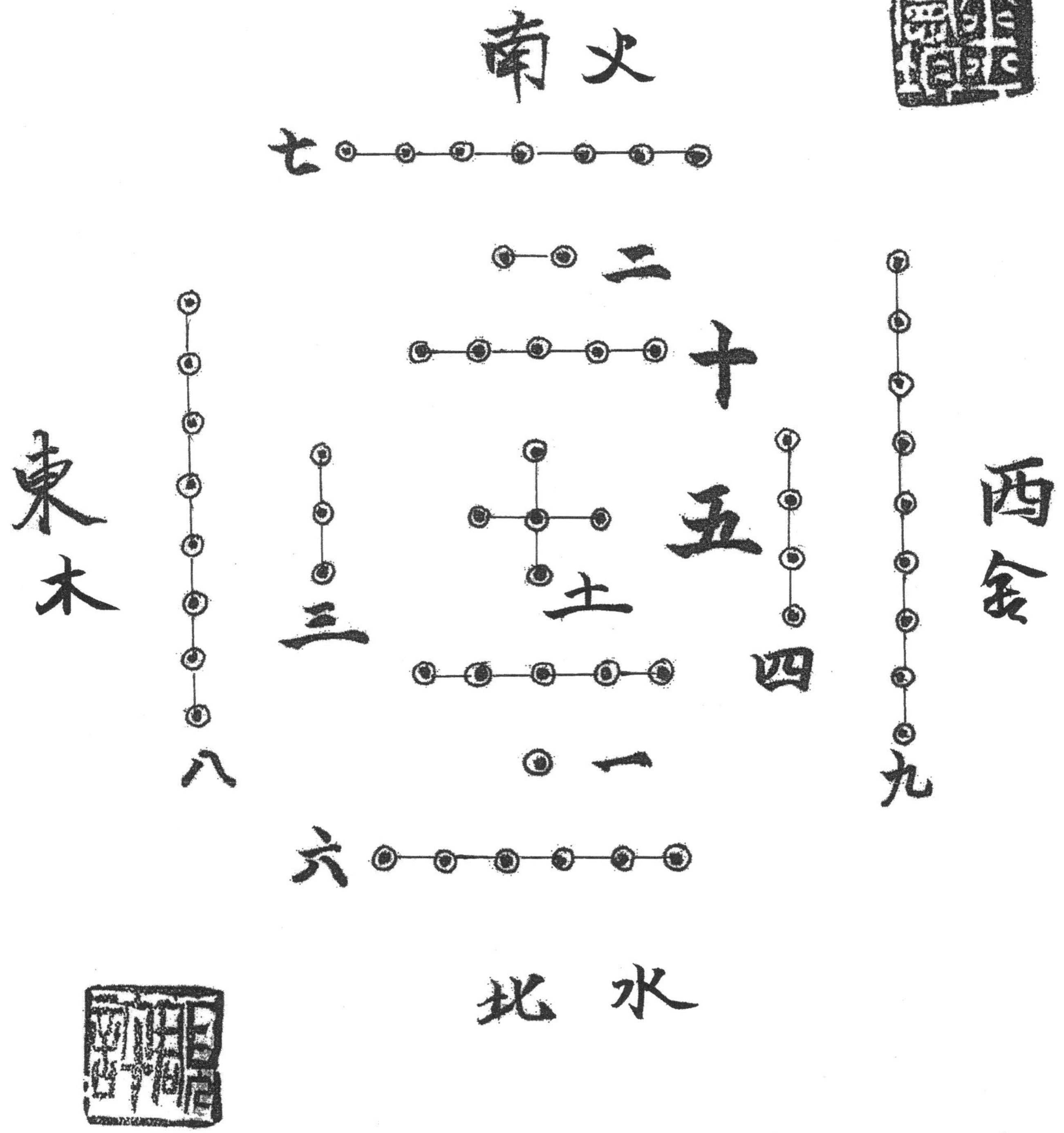

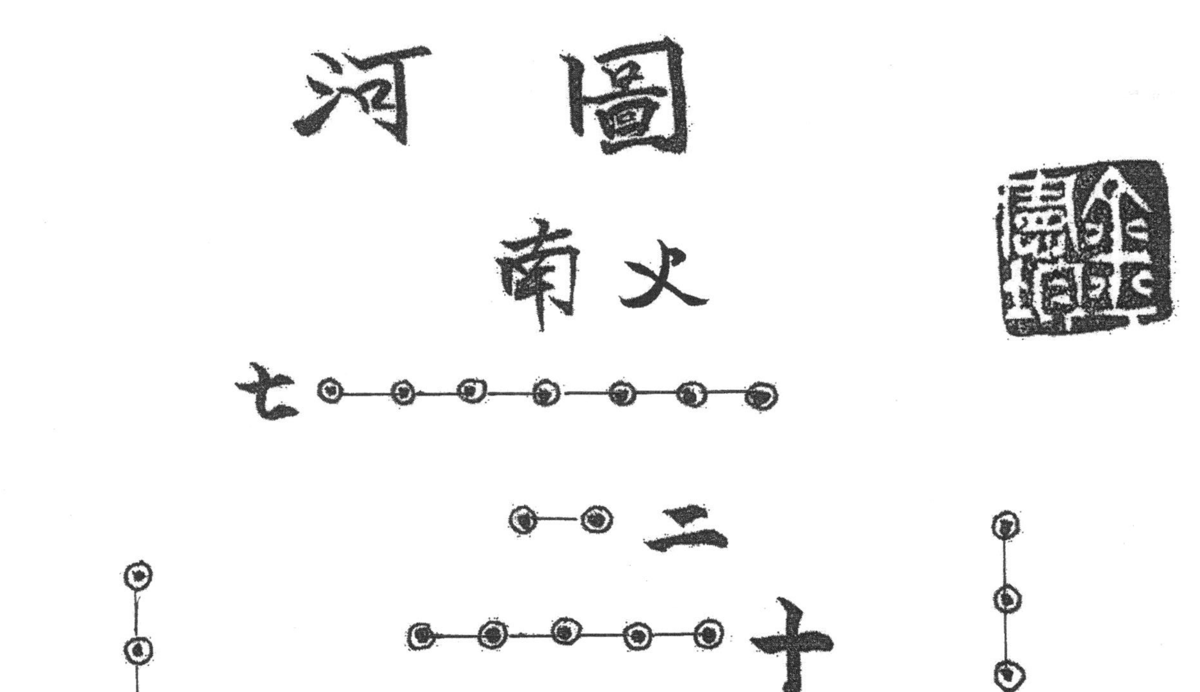

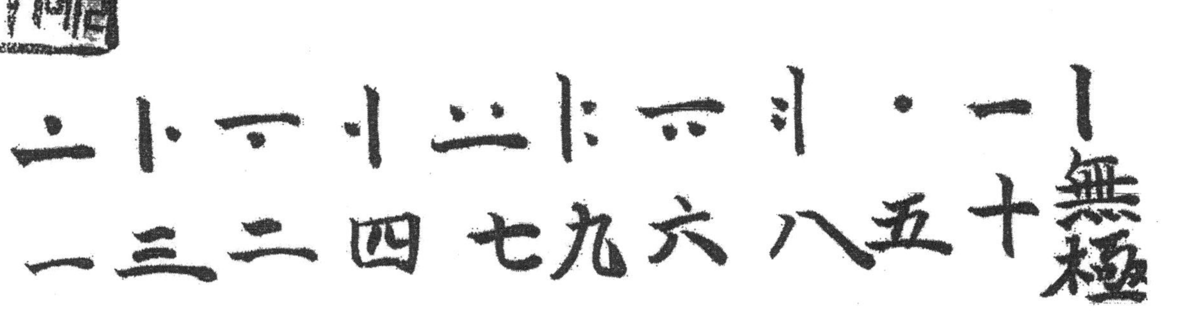

ㅗ 는 하늘에서 먼저 생겼으니 하늘의 수로는 一 이고
물을 낳는 자리이다. ㅏ 는 그다음으로 생겼는데 하
늘의 수로는 三 이고 나무를 낳은 자리이다 ㅜ 는
땅에서 처음 생겼는데 땅의 수로는 二 이고 불을
낳은 자리이다. ㅓ 는 그다음으로 생긴것이니 땅
의 수로는 四 이고 쇠를 낳은 자리이다。 ㅛ 는
하늘에서 두번째로 생겼으니 하늘의 수로는 七
이고 불을 이루는 숫자다. ㅑ 는 그다음으로

생겼으니 하늘의 수로는 九이고 쇠를 이루는 숫
자이다 ㅠ 는 땅에서 두번째로 생겼으니 땅의 수로
는 六이고 물을 이루는 숫자다. ㅕ 는 그다음
으로 생겼으니 땅의 수로는 八이고 나무를 이루는
숫자다. 물과불은 아직 氣에서 벗어나지 못하여
음과양이 서로 교합하는 시초로 오므리게 되고
나무와 쇠는 음양이 바탕을 고정하였으니 열리게
되다. ㆍ 는 하늘의 수로는 五이고 흙을 낳는 자리
이다. ㅡ 는 땅의 수로는 十이고 흙을 이루는 숫자이다.

— 에만 해당 자릿수가 없는 것은 대개 사람은 無極의 핵심으로 음양오행의 정기가 신묘하게 섞이어 본디 정해진 자리나 이루는 숫자를 논할수 없기 때문이다. 이는 곧 가운뎃소리 중에도 또한 음양 오행 방위의 자릿수가 있음이다、

。함허당득통

。신미대사

。정인지

원(元) 지공스님(?~一三六三)

고려 나옹화상(一三二十~一三七六)

조선 무학자초(一三二七~一四十五)

함허당 득통(一三七六~一四三三)

수암당 신미(생몰미상)세종보 一四〇三年~一四八〇年

훈민정음 탄생계보 조선고어계승학승

함허당 득통(顯正論)

출생 一三七六年 우왕二年

사망 一四三三年 세종 十五年

부 ◦ 충주 유씨 전객시사 유청

모 ◦ 방씨

생애 ◦ 一三九六年 태조 五年 의상암 출가

一三九七年 회암사 무학 법요 청

一四〇六年 공덕산 대승사 반야경설

一四二一年 세종의 청으로 대자사 주지

一四三一年 회양산 봉암사 중수

禪教都總攝 密傳正法 悲智双運

祐國利世 圓融無碍 慧覺尊者

文宗實錄 卷一 文宗 一年 七月 十六日

金守省 信眉 一四○三年生 一四八○卒

북천사 우앙당 부조 성종十一年 조성

父 金訓 一三八一年生 一四三七年卒

母 여흥 李氏 정경부인

弟 守溫 집현전 학사

외조부 이행 一三五一年生 一四三二年卒
여흥李氏 예문관대제학, 이후 향찰대가
부친 金訓 태종의 장백대, 귀향교지받고 별문
지휘뫼기 옥구진 병마사 박탈
金訓의 세거지 現 충북 영동군 용산면 상용리
오얏골 혹은 괴애골 영산김씨 세거
김수성, 수온 형제 집현전 학사 부김훈의
삭탈관직에 수성시키는 출가 외조부 이행
의 이후 향찰 수학 출가후 불교 경전 및 상고사

출가전 외조부의 교육과 황간 반야사 행호 스님으로
부터 상교사 받어 음운학 지도 받음
부친 사견후 출가시 외조부 이행의 도움으로 함허
당 득통 스님 상좌 생활 대자암 현 고양시 벽제
한뒤 강이어 주지 역임 대자암 세종때 왕실 원
찰 태종비 원경왕후 봉안 세종·세조·효령 인
평대군 의 불사 성녕대군·경안대군 묘 조성
묘지로 부터 백보 자리에 명적암 조성 이백한 보실

신미 불가 계보 략

신라 원효 고려 대각국사 의천、지공、평산처림

나옹혜근、부학자초、함허당 득통·수이당

신미、보반 수미 、제자 학조、학열、

함허당 득통(휴기화) 一三七六年生 一四三三年卒

운악산 현등사 부도 함허당의 현정론은

조선초 불교의 위상을 재정립 안평대군과 신미

가 보인하다、 주 정도전의 불씨잡변을 조목

조목 반박과 붓다의 가르침 수록

정인지 (훈민정음해례 서문 기술)

본관 하동 호 학역재

生 一三九六년 卒 一四七八年

태종 一四年 식년문과 장원

세종때 역사, 천문 등 제도정비, 수리 천재

세조때 용비어천가 저술

一四五八년 세조의 불서간행반대 告身 몰수

一四五九年 醉중 직간으로 告身 몰수

實錄

一、世宗實錄 卷五、一四一九年 八月二十三日
흥천사 석탑속에 두었던 부처의 치아 사리와
두골등을 내불당 천불사 에 두었다

二、世宗實錄 卷一一三 一四四三年 十二月 상순
훈민정음 창제

三、一四四六年 세종二八年 九月 상순
훈민정음 반포 정인지 서문

四、세종실록 권 一一六 세종 二九年 六月 五日
아비가 불충했던 일로 훈련주부 김수온을
탄핵하는 상소에 불허하다

五、세종실록 권 一二六 수양대군 이유와 안평대군
이용이 심히 믿고 좋아하여 신미를 높은 자리
에 앉게 하고 무릎 꿇어 스승으로 예우해짓다.

六、세종실록 권 一二一 세종 三十年 七月 二六日
유상해 등이 수온을 잡아 그 죄를 벌주고 요망
한 신미 중을 벌하기를 상소하였다、회답
하지 않았다

七、세종실록 권 一二一 세종 三十年 九月 八日

이개 임종선·김수온 등에게 관직을 제수하였다
이는 신미가 승도를 만들어 임금께 총애를 얻었는데
수온이 좌우를 인연하여 수양과 안평대군 등이 결
탁하여 불서를 번역한 연유이다.

八、세종실록 권一二三 세종三十一年 一月五日

민신、박중림、이사임、이선제、김흔지、신개、
박중손、김수온에게 관직을 제수하다.
수온을 수병조정랑으로 삼았다、수온은 그의 형
긴 중 신미 때문에 특별히 조정에 제수하기를 명
하였다

九、세종실록 권一二三 세종 三十一年 二月 二十五日

박강、조완벽、김수온에게 관직을 제수하다

수온의 형 신미가 그 요사한 말을 주창하고 찬불가를 지어 그 교를 넓혔다 수온이 지은 가사에 관현을 맞추어 연습하게 하고 두어 달 뒤에 쓰게 하였다、임금이 불사에 뜻을 둔 것은 수온의 형제가 도운 일이다、

十、세종실록 권一三六 세종 三十一年 十一月 一日

세자의 병으로 약사재、수륙재를 행하게 하다.

모든 불사가 있을 때마다 반드시 신미를 인견하다

十一、세종실록 권一二七 세종 三十二年 一月 二六日

중 신미를 불러 법사를 베풀게 하였다 신미를 침실안으로 맞아 들여 높은 예로서 대우 하였다

十二、세종실록 권 一二七 세종 三十三年 윤월月 二十九日

이적、김세민 환관 서성대、최읍 등을 벌하고자 청하였으나 윤허하지 않았다 생질인 홍응 신미의 청으로 용서한 것이다

十三、문종실록 권一 문종 즉위년 三月 二八日

진관사의 전세를 가져간 현등사 승려 설정을 방면하도록 하였다、신미는 선왕께서 존중하는 중이고、현등사는 신미가 거주한 절이니 소요로

일으키지 못하게 하였다、

十四、문종실록 권二、六月 二十二日 즉위년
신미가 보은현 복천사를 고쳐 지으니 단청의
제구를 갖추와 내리라 하였다、

十五、문종실록 권二、즉위년 七月 六日
신미를 선교도총섭 밀전정법 비지쌍운 우국
이세 원융무애 혜각존자로 삼고 금란지에
관교를 써서 자초폭으로 싸서 사람을 보내주
었는데 우리 국조 이래로 이러한 일이 없었다、

十六、문종실록 권二 문종즉위년 七月 十六日
선왕이 승하하셨는데 비록 종친과 대신은 늙고

병든자도 모두 말에서 내려 걸어서 외정에 나오는
데 이중은 편안히 말을 타고 종사를 멀치고 바로
궐문으로 들어오니 임금이 윤허하였다 이에
하위지가 반발하나 하위지를 인견하였다.

十七、一四五八年 해인사 대장경 인출 신미등 감독
一四六一年 훈민정음보급위한 간경도감 설치
신미등 주관 법화경·반야심경·영가집·
一四六四年 세조 속리산 복천사 행차 대설법
회주관 신미、사지、학조、학열
一四六四年 오대산 상원사 중창 불사

ㅇ 질문과 대답

一、한글이라 불리운 이유 처음에는 "언문"
반포시 "훈민정음" 一九○八年 한글학회서
「주시경·김정민 조직」 이른바 오직 하나의
큰글 "한글" 이라 부르다. 一九十一年 말모이、
一九二一年 조선어 학회 조직 (일제)、一九二七年
조선어 학회「최두선、임경재、권덕규、장지연」등

이 잡지 「한글」 발간함 一九二八年 十一月 十一日 조선어연구회에서 "가갸날"을 "한글날"로 개칭 오늘에 이른다.

ㅎ 훈민정음 해례본에서 정인지가 "字倣古篆"이라 밝힌 고전이란? ○작자 견해 서술임○

고조선 가륵단군 재위 二年 단기 一五三年 기원 정음 三八字 "가림토"문에서 연원함 • ㅣ ㅡ ㅏ ㅓ ㅜ ㅗ ㅑ ㅕ ㅛ ㅠ X ㅋ O ㄱ ㅂ ㅁ ㄴ ㅿ ㅈ ㅊ 合 仒 ㆆ ㅅ M ㅂ ㄹ H ㅂ ㅿ ㅋ ㅊ ㅅ ㅋ ㅍ ㅍ ㅍ

三、

ㆁ 글자는 오늘날 ㅇ과 같이 쓰이나 같지 않다

ㆆ 여린 히흫、ㅎ 보다 약한 소리 이다

ㅿ 반시읏、ㅅ의 울림소리로 ㅅ보다 약한 소리로 임란이후 사용되지 않음

• 아래아로 칭하며 ㅏ와 ㅡ의 중간소리 혀뒷쪽에서 낮게 발음한다、一九三三年 한글맞춤법 제정시 까지 사용됨

。ㄱ 기윽、ㄷ 디읃、ㅅ 시읏이 기역、디귿、시옷

으로 잘못쓰인 이유 최세진이「훈몽자회」
에서 한자로 표기하면서 오류발생함 "예"
기윽을 役(부릴역)으로, 디읃을 末(끝말)으
로, 시읏을 時衣(옷의)로 표기함、북한은
기역、디귿、시옷 으로 제자원리대로 사용함

四、세로쓰기에서 가로쓰기로 바꾸는 시기 一八八○年
한글최초 가로쓰기「한불자전」프랑스 리델
우리나라 가로쓰기 一八九五年「국한회어」대역

사전(국문을 한문으로 풀이한 말모음) 최초의 띄어쓰기는 一八九六年 四月 七日 독립신문 창간호에서 시초. 세종때에는 작은 원인 고리점으로 표기함

결론

「훈몽자회」(一五二七年 중종 二二年)은 어린이 한자학습을 위해 펴낸 책인데 일제의 계략으로 조선어 학회에서 가·나·다·라·마 순으로 표준

화하여 정음을 파괴하였으니、천추의
한이 되어 오늘에 이르렀다、
이제라도 바로잡아 하늘의 이치와 천문수리
우주 조화를 순조롭게 할지어다、
이제 님의 눈물 닦아 드리오리다

一九九五年 한겨울
문발리 중대본부에서
靈山堂 許 均 쓰다

音韻書約

一. 심약제정 502년 양나라 사성 표준확립 수.당시대 음운서

二. 예부운략 1037년 송나라 한자음성학

三. 고금운회 1269년 원나라 소리글자

四. 고금운회거요 1297년 원나라 한자발음

五. 홍무정운 1375년 명나라 예부운략 개정

六. 고금운회거요 1434년 조선 한자발음

七. 훈민정음 1443년 조선 중창서

八. 동국정운 1448년 조선 훈민정음을 한자로 설명

九. 홍무정운 역훈 1455년 조선 훈민정음으로 번역

十. 파스파 개작 1599년 청나라

위의 음운서의 특징은 승려들에 의해 음운서를 편찬한다, 즉. 범어가 음운서의 기본 문자로 쓰이며, 우리말이 한자와 범어의 뿌레어 임을 알수 있다. 세계 언어의 종주나라 아 우리나라

悉曇梵字
訓民正音

varga 하늘天 밝가 ·

prthibi 따地 프르다 ㅡ

surya 해日 날일 ⊙

candra 달月 달 ☾

chāyā 찰陰 차가워

ātapah: 더울陽 따스워

ālokah: 밝을明 알록달록

addhakarah: 어두울暗

kumāra: 아이童 꼬마아이

gata 갈去 가다.

실담 범자、훈민정음은 한뿌리에서
생긴 언어로 같은 말에서 만들어졌다
우리 말은 세계 언어의 모태이다

一九九五年 一月 二一日

보병제九사단 二九연대 三대대
十二중대 중화기중대장
대위 김헌균

보병제九사단 수색대대 一중대장
대위 金憲均

유튜브

동영상 자료

세종이도의 눈물

제 1강

1. 천문과 수리를 반영한 자음 배열

1) 옳바른 배열(훈민정음)

행성	木(목)	火(화)	土(토)	金(금)	水(수)	17자
자음 배치	ㆁㄱㅋ	ㄷㅌㄴ (ㄹ)	ㅂㅍㅁ	ㅈㅊㅅ (ㅿ)	ㆆㅎㅇ	

2) 엉터리 배열(한글)

행성	木(목)	火(화)	土(토)	金(금)	水(수)	14자
자음 배치	ㄱㄴㄷ	ㄹㅁㅂ	ㅅㅇㅈ	ㅊㅋㅌ	ㅍㅎ	

2. 천문과 수리를 반영한 모음 배열

1) 옳바른 배열(훈민정음)

행성	木(목)	火(화)	土(토)	金(금)	水(수)	11자
모음 배치	ㅏㅓ	ㅜㅛ	•ㅡㅣ	ㅓㅑ	ㅗㅠ	

2) 엉터리 배열(한글)

행성	木(목)	火(화)	土(토)	金(금)	水(수)	10자
모음 배치	ㅏㅑ	ㅓㅕ	ㅗㅛ	ㅜㅠ	ㅡㅣ	

3. 자음, 모음 표기가 잘못된 이유

(1) 「훈몽자회」 최세진
통역관 최세진이 어린이 한자 교육을 위한 교재가 「신증유합」 여암 신경준, 「한글갈」 외솔 최현배 에서 그대로 인용한 것이 현재에 이르름
* 우매한 학자들의 오류(禹 어리석을 우)

(2) 일제 강점기 조선어학회 에서 일본식 히라가나, 가타가나 문자 체계를 한글로 표준화 한것이 현재 국어학회에서 여과없이 쓰여짐
* 일제의 계략으로 우리의 음운 원리를 의도적으로 파괴(禹 긴팔원숭이 우)

4. 자음 발음 표기의 오류

1) 옳바른 표기(초성을 종성에 활용하는 훈민정음)

자음	ㄱ	ㄷ	ㅅ	훈민정음
표기법	기윽	디읃	시읏	바른표기

* 북한은 바른 표기 사용

2) 엉터리 표기

자음	ㄱ	ㄷ	ㅅ	최세진, 신경준, 최현배
표기법	기역	디귿	시옷	엉터리 표기
	한자의 役(바꿀 역)	末(귿말)	時衣(옷의)	한자표기를 그대로 인용한 오류

5. 자음 배열 바로 알기

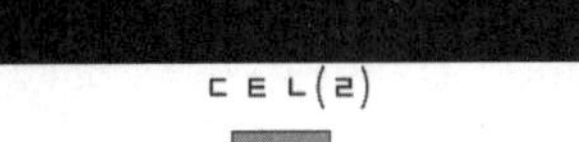

(1)五行 순행 원리

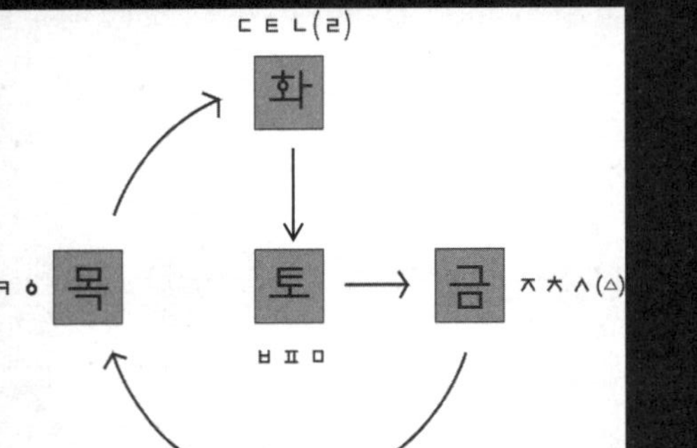

(2) 우주 五원소

① 목생화

② 화생토

③ 토생금

④ 금생수

⑤ 수생목

5. 자음 배열 바로 알기

(3)五行이 지구, 인체에 미치는 영향과 행성의 크기

① 우주와 인체(인체는 소우주)

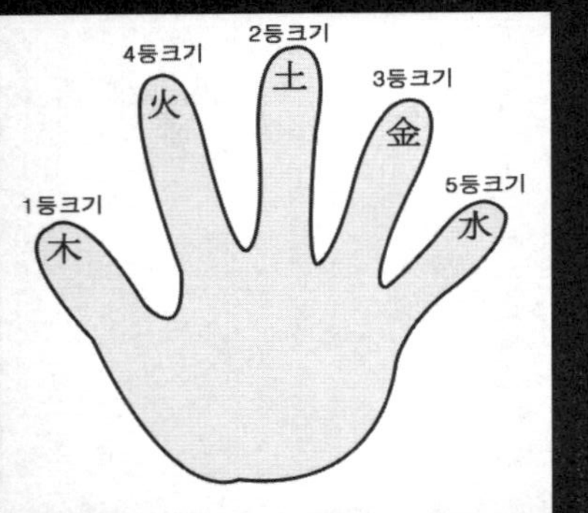

② 행성의 크기 익히기
(지구의 반지름을 1로 정할때)

	木	火	土	金	水
크기 순위	1 (11.2)	4 (0.5)	2 (9.4)	3 (0.9)	5 (0.4)

*** 한번 익히면 평생 기억한다.**

*** 태양의 반지름 70만Km**

*** 지구의 반지름 6,400Km**

5. 자음 배열 바로 알기

③ 목성이 태양을 한바퀴 도는 시간 12년(십이지지)

④ 토성이 태양을 한바퀴 도는 시간 30년(십간지)

자축인묘 진사오미 신유술해

갑을병정 무기경신 임계

행성	궤도 반지름	공전주기
수성	0.4AU	0.24년
금성	0.7AU	0.62년
지구	1AU	1년
화성	1.5AU	2년
목성	5.2AU	12년
토성	9.6AU	30년

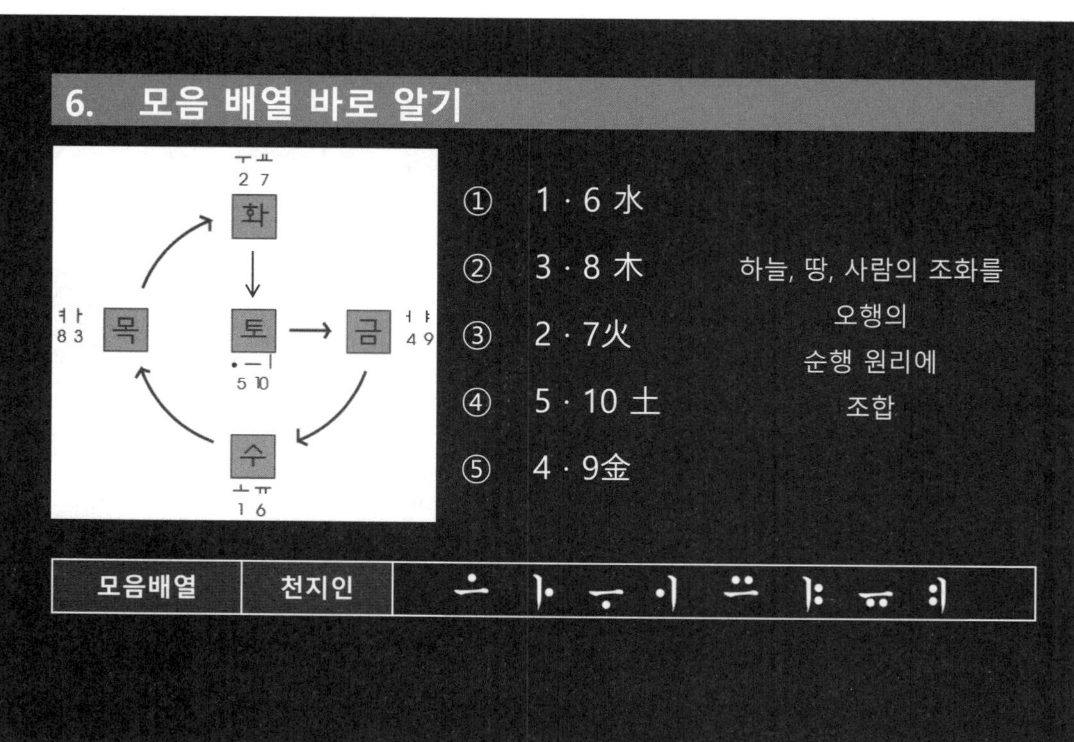

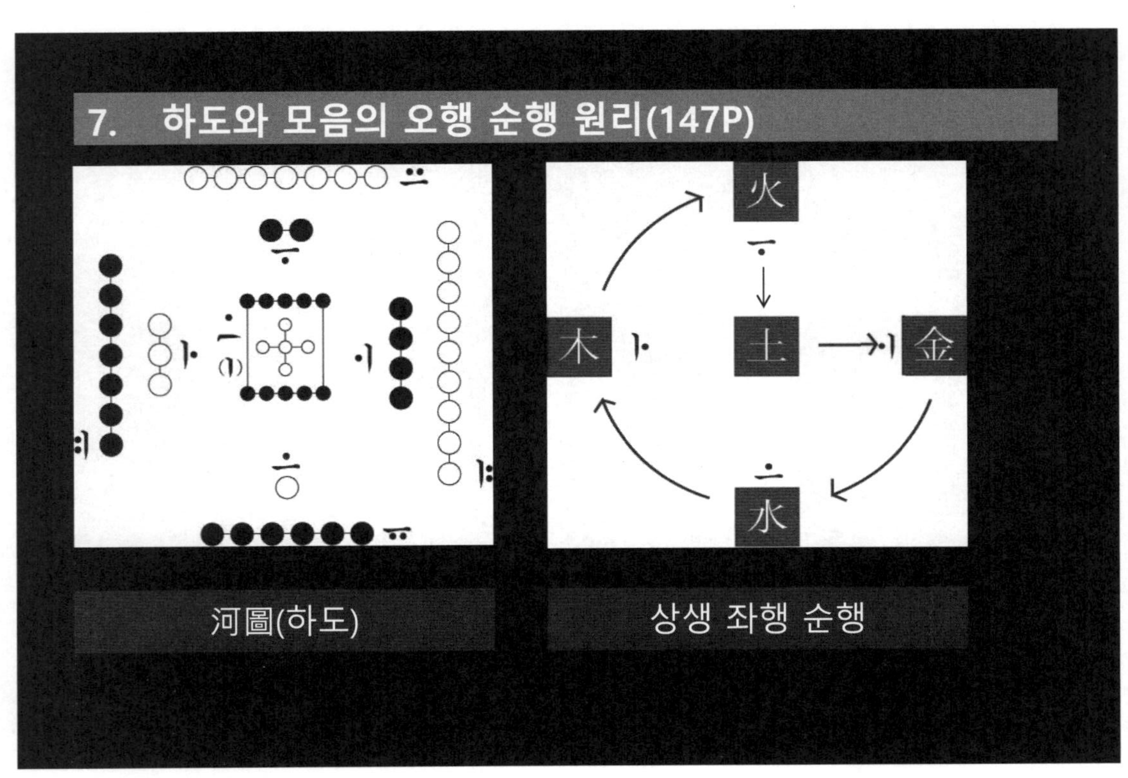
7. 하도와 모음의 오행 순행 원리(147P)
火
土
金
木
水
河圖(하도)
상생 좌행 순행

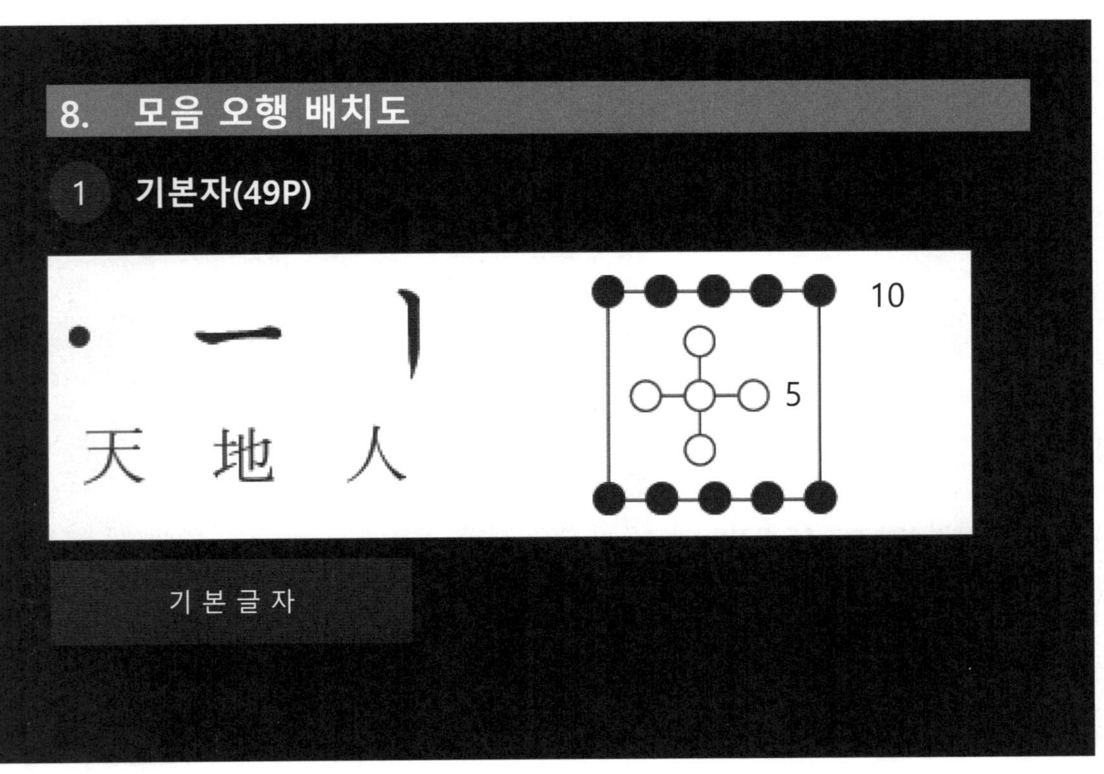
8. 모음 오행 배치도
1 기본자(49P)
天 地 人
10
5
기 본 글 자

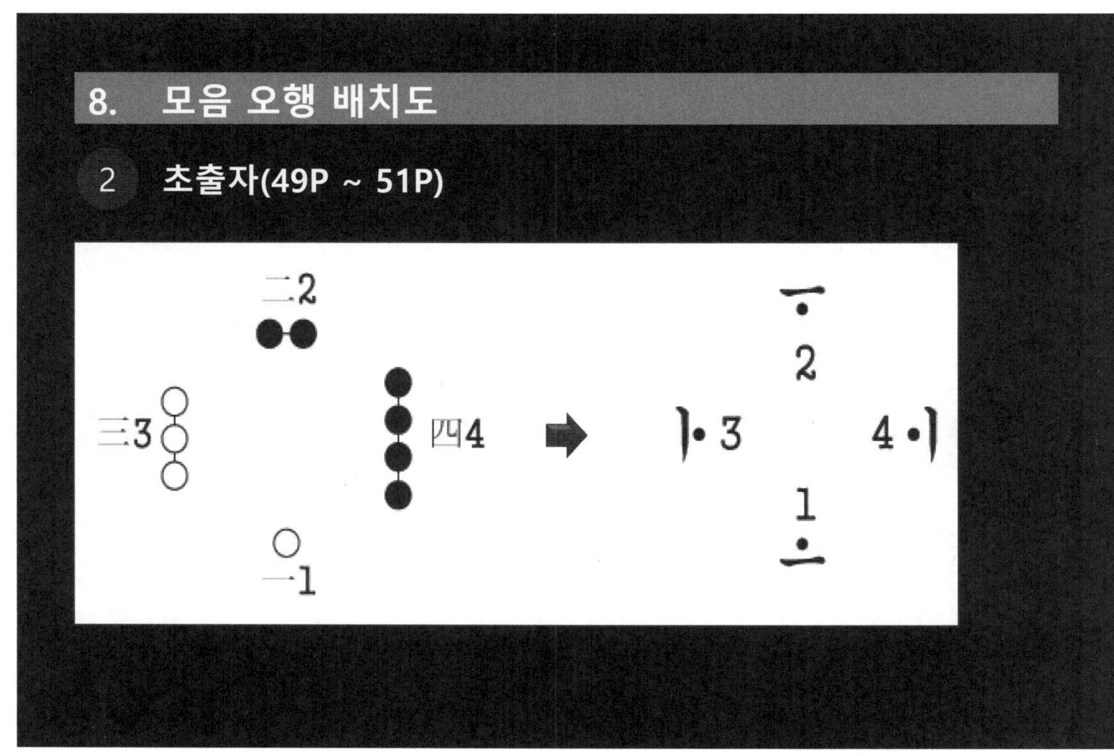
8. 모음 오행 배치도
2 초출자(49P ~ 51P)
二2
三3
四4
一1
ㅏ 3
ㅜ 2
4 ㅓ
1 ㅗ

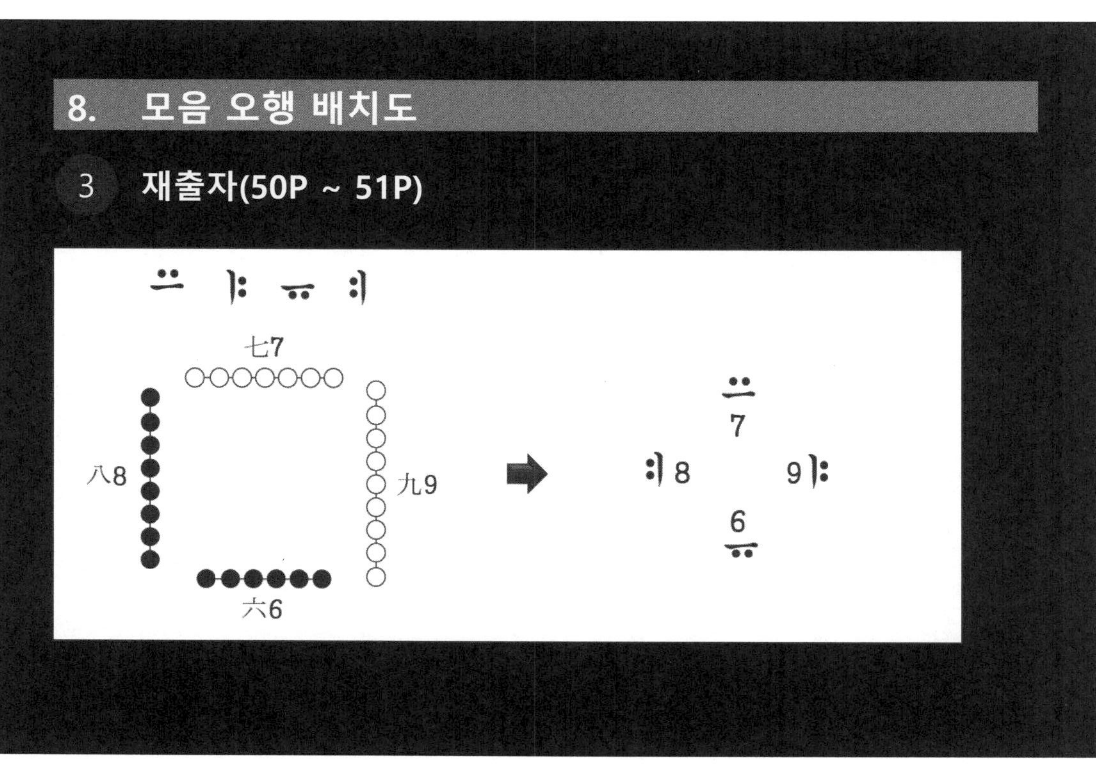
8. 모음 오행 배치도
3 재출자(50P ~ 51P)
ㅛ ㅑ ㅠ ㅕ
七7
八8
九9
六6
ㅛ 7
ㅕ 8
9 ㅑ
6 ㅠ

9. 발성 기관과 자음 모음 배치(146P)

발성 기관	牙(아)	舌(설)	脣(순)	齒(치)	候(후)
	어금니 아	혀 설	입술 순	이 치	목구멍 후
자음 모음	ㄱ ㅋ ㆁ ㅏ ㅕ	ㄷ ㅌ ㄴ 반설(ㄹ) ㅜ ㅛ	ㅂ ㅍ ㅁ ㆍ ㅡ	ㅈ ㅊ ㅅ 반치(△) ㅓ ㅑ	ㆆ ㅎ ㅇ ㅗ ㅠ

10. 오행과 자음 모음 배치(146P)

오행	목	화	토	금	수
자음 모음	ㄱ ㅋ ㆁ ㅏ ㅕ (음) (양)	ㄷㅌㄴ(ㄹ) ㅜ ㅛ (음) (양)	ㅂㅍㅁ ㆍ ㅡ ㅣ (음) (양)	ㅈㅊㅅ ㅓ ㅑ (음) (양)	ㆆ ㅎ ㅇ ㅗ ㅠ (음) (양)

11. 방위와 자음 모음 배치(146P)

방위	東(동)	南(남)	中(중)	西(서)	北(북)
자음 모음	ㄱ ㅋ ㆁ ㅏ ㅕ	ㄷ ㅌ ㄴ(ㄹ) ㅜ ㅛ	ㅂ ㅍ ㅁ ㆍ ㅡ	ㅈ ㅊ ㅅ ㅓ ㅑ	ㆆ ㅎ ㅇ ㅗ ㅠ

12. 오음과 자음 모음 배치(146P)

음률	角(각)	徵(치)	宮(궁)	商(상)	羽(우)
자음 모음	ㄱ ㅋ ㆁ ㅏ ㅕ	ㄷ ㅌ ㄴ ㅜ ㅛ	ㅂ ㅍ ㅁ ㆍ ㅡ ㅣ	ㅈ ㅊ ㅅ ㅓ ㅑ	ㆆ ㅎ ㅇ ㅗ ㅠ

13. 오행과 천문 수리의 관계(147P)

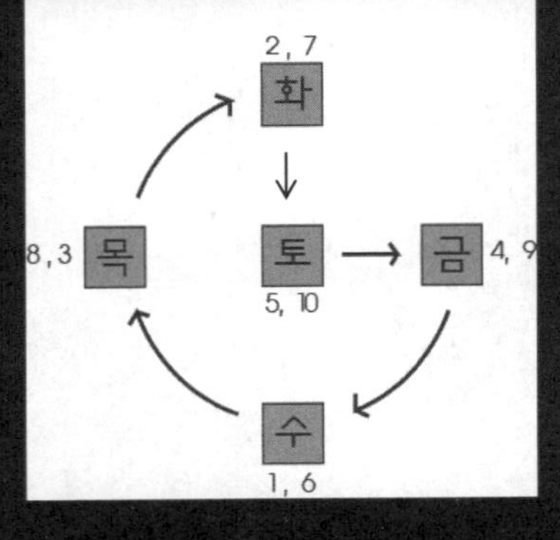

① 목성은 3월과 8월에 황혼무렵때 동쪽에서 보인다.

② 화성은 2월과 7월에 황혼무렵때 남쪽에서 보인다.

③ 토성은 5월과 10월에 황혼무렵때 중천에서 보인다.

④ 금성은 4월과 9월에 황혼무렵때 서쪽에서 보인다.

⑤ 수성은 1월과 6월에 황혼무렵때 북쪽에서 보인다.

*** 천문과 수리의 이치는 훈민정음에 일치한다.**

14. 훈민정음 서문(본문) 해설

訓民正音
國之語音異乎中國與文字
不相流通故愚民有所欲言
而終不得伸其情者多矣予
為此憫然新制二十八字欲
使人人易習便於日用耳
ㄱ牙音如君字初發聲

❖ 訓民正音 : 백성을 가르치는 바른 소리

❖ 新制二十八字 : 새로이 고쳐서 28자로 정립 하였다.

❖ 字放古篆 : 옛 글자를 모방 하였다.(8P~10P)

14-1. 字放古篆(자방고전)

15. 본문 자음 제자 해설

1. **ㄱ** : ㄱ(기윽)은 牙音(아음)으로 어금닛 소리이며 君(군)자의 첫소리와 같다.

2. **ㄷ** : ㄷ(디읃)은 舌音(설음)이며, 혓소리에 둥자의 첫소리와 같고 나란히 쓰면 땀자의 첫소리와 같다.(14P)

3. **ㅅ** : ㅅ(시읏)은 齒音(치음)이며 잇소리로 술자의 첫소리와 같고, 나란히 쓰면 샤자의 첫소리와 같다.(18P)

15-1. 본문 자음 제자 해설

ㄹ。半舌音。如閭字初發聲

△。半齒音。如穰字初發聲

1. ㄹ : ㄹ(리을)은 半舌音(반설음)이니 려자의 첫소리와 같다.

2. △ : 여린 시읏은 半齒音(반치음)으로 샹자의 첫소리와 같다.

16. 본문 모음 제자 해설

ㆍ。如呑字中聲

ㅡ。如即字中聲

ㅣ。如侵字中聲

ㅗ。如洪字中聲

ㅏ。如覃字中聲

ㅜ。如君字中聲

1. ㆍ : ㆍ은(아래아) 탄 자의 가운뎃 소리와 같다.
2. ㅡ : ㅡ는 즉 자의 가운뎃 소리와 같다.
3. ㅣ : ㅣ는 침 자의 가운뎃 소리와 같다.
4. ㅗ : ㅗ는 홍 자의 가운뎃 소리와 같다.
5. 각 : 끝소리는 첫소리를 다시 쓴다.(22P)
6. ㅸ ㅱ ㅹ ㆄ : 입술 가벼운 소리는 입술소리에 ○을 붙여 쓴다.

한국의 어용 국문학자와 7천 5백만 한국인에게 고함

1. 훈민정음 모음 제자 원리 하도기원설 출현 배경

대한민국 김허균	중국 조선어 학회 오봉협
1. 훈민정음중창제 1443년(세종 25년) 음력 12월 상순 2. 훈민정음 반포 1446년(세종 28년) 음력 9월 상순 * 남한의 한글날은 양력 10월 9일(반포 기념일)	1. 훈민정음중창제 1443년(세종 25년) 음력 12월 상순 2. 훈민정음 반포 1446년(세종 28년) 음력 9월 상순 * 북한의 한글날은 양력 1월 15일(중창 기념일)

1. 훈민정음 모음 제자 원리 하도기원설 출현 배경

대한민국 김허균	중국 조선어 학회 오봉협
3. 「태백일사」 이맥 편찬, 1980년 고서적 파편본 입수. 자전을 놓고 한자한자 읽고 해석함. 4. 1985년 「태백일사」 해석(주석 완성) 5. 1995년 육군 제9 보병사단 수색 1 중대장 임무시 한강과 임진강 철책 갈대밭에서 오봉협, 홍기문, 전몽수의 정음역해 파본 입수. 6. 1995년 겨울 훈민정음 제자원리 해례본 집필 **(* 세종이도의 눈물)**	3. 최현배의 「한글갈」 보고 실망. 4. 홍기문, 전몽수의 「훈민정음 역해」를 보고 동감하여 교류함 5. 하도기원론 논문 발표 1959년 연변대학 "조선어학회지" ① 하도기원론 ② 상형기원론 ③ 발음기관 기원론 6. 1989년 연변대학교 리득춘 교수 하도기원론 재발간 **(* 훈민정음 기원의 이설 하도기원론)**

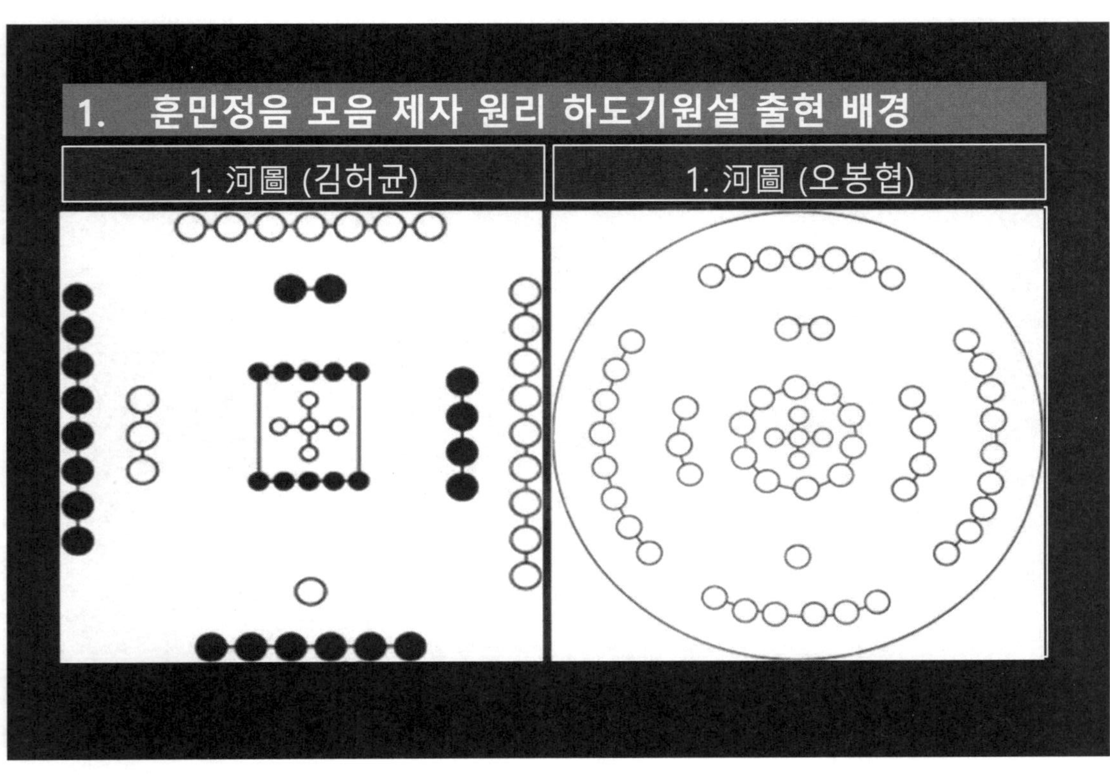
1. 훈민정음 모음 제자 원리 하도기원설 출현 배경
1. 河圖 (김허균)
1. 河圖 (오봉협)

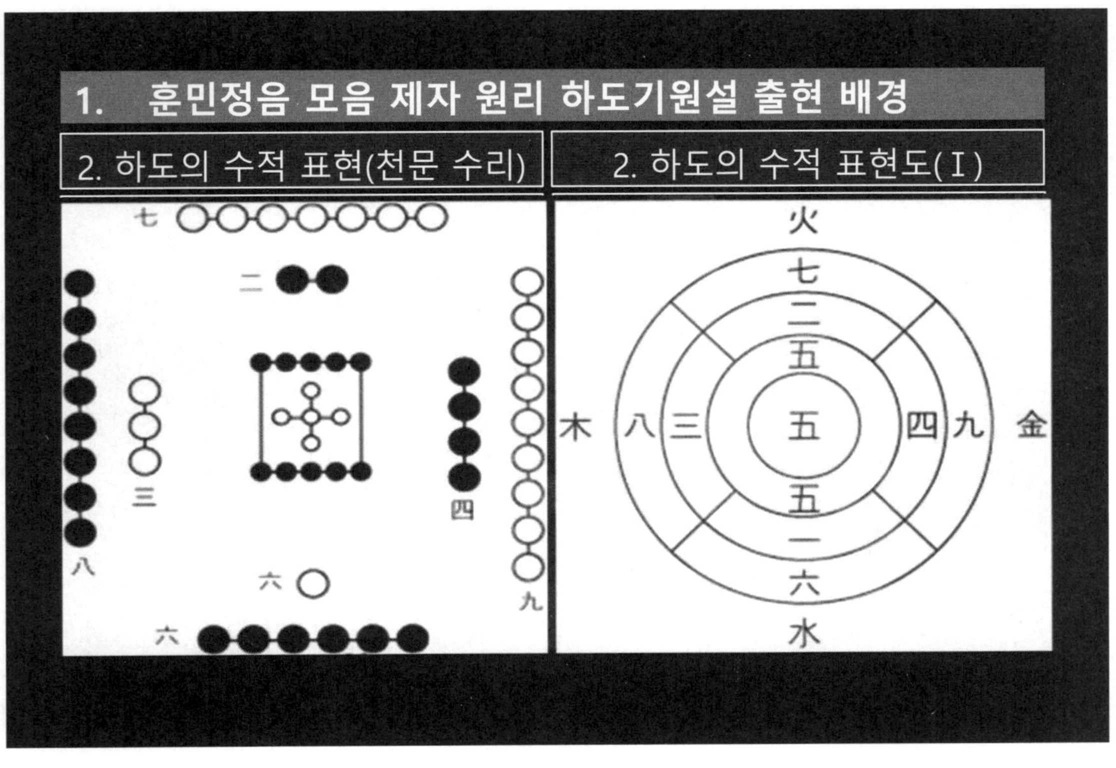
1. 훈민정음 모음 제자 원리 하도기원설 출현 배경
2. 하도의 수적 표현(천문 수리)
2. 하도의 수적 표현도(Ⅰ)
七
二
三
四
八
六
六
九
火
七
二
五
木
八
三
五
四
九
金
五
一
六
水

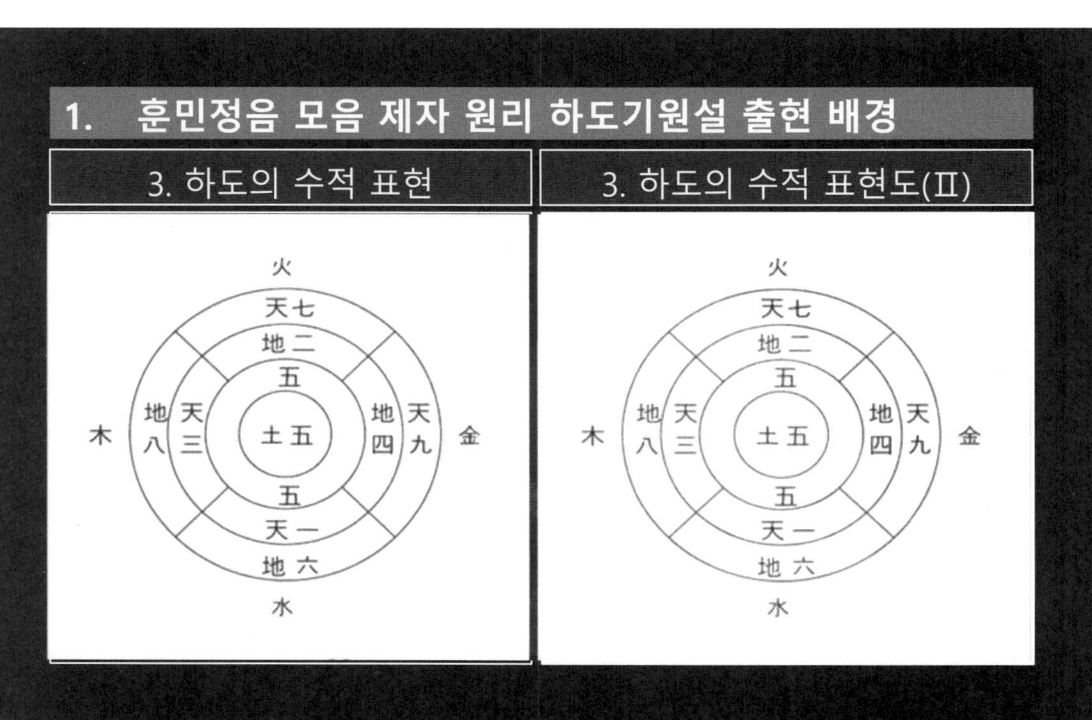

1. 훈민정음 모음 제자 원리 하도기원설 출현 배경
3. 하도의 수적 표현
火
天七
地二
五
木
地八
天三
土五
地四
天九
金
五
天一
地六
水
3. 하도의 수적 표현도(Ⅱ)
火
天七
地二
五
木
地八
天三
土五
地四
天九
金
五
天一
地六
水

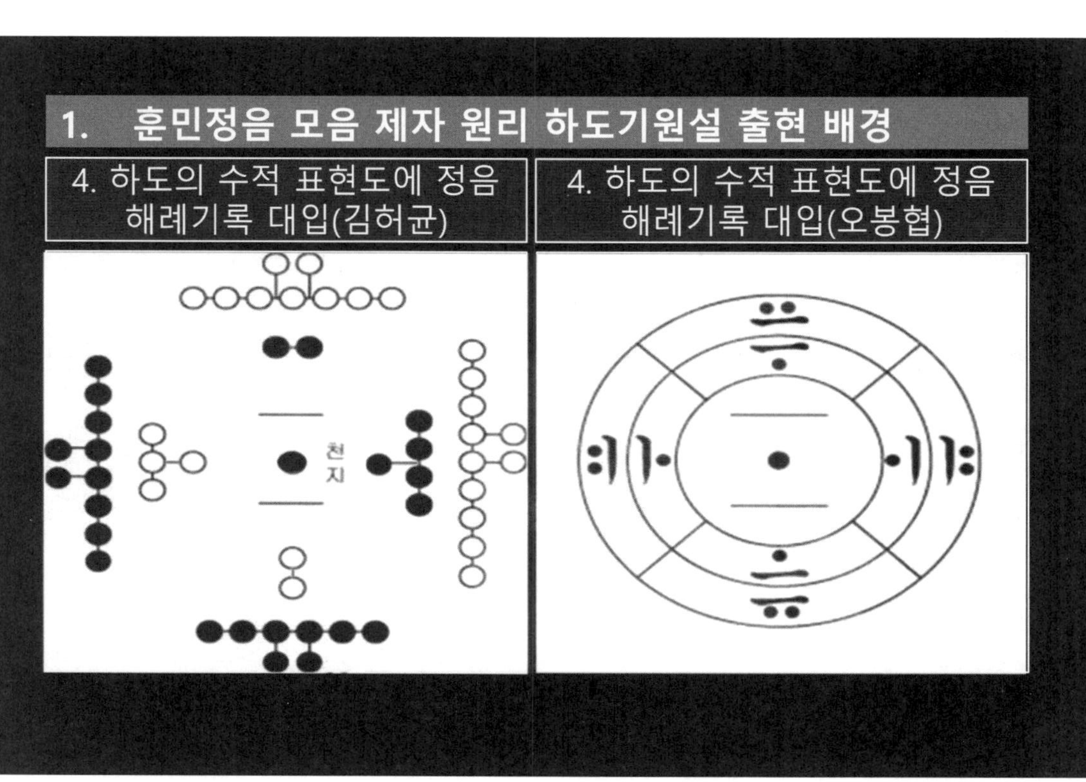

1. 훈민정음 모음 제자 원리 하도기원설 출현 배경
4. 하도의 수적 표현도에 정음 해례기록 대입(김허균)
천
지
4. 하도의 수적 표현도에 정음 해례기록 대입(오봉협)

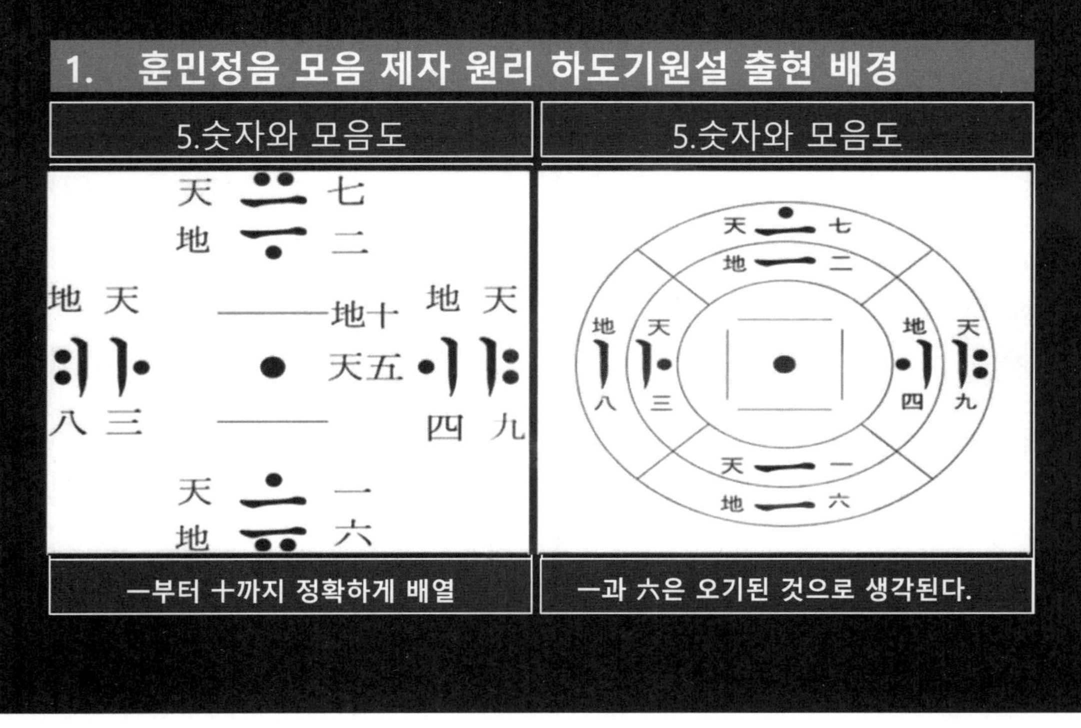

결론

한국의 김허균 하도론과
중국 조선어 학회 오봉협의 하도론은
모양만 조금 다를 뿐
정확하게 일치함을 알 수 있다.
따라서, 훈민정음 제자원리는
하도기원설이 정확함을 확인할 수 있음.

2. 훈민정음 자음 제자 원리(하도기원론 출현 배경)

한국 김허균

음양오행의 원리					
닿소리	ㄱ ㅋ ㆁ	ㄷ ㅌ ㄴ(ㄹ)	ㅂ ㅍ ㅁ	ㅈ ㅊ ㅅ(ㅿ)	ㆆ ㅎ ㅇ
오행	木	火	土	金	水
오음	각	치	궁	상	우
사계	봄	여름	늦여름	가을	겨울
방위	동	남	중앙	서	북
발성기관	아	설	순	치	후
오방서수(오방색)	좌청룡	남주작	황룡	우백호	북현무

※ 모든 천문 원리와 수리를 맞춤

2. 훈민정음 자음 제자 원리(하도기원론 출현 배경)

연변대학 오봉협

方位	東	南	中央	西	北
五行	木	火	土	金	水
五音	아	설	순	치	후
初聲	ㄱㅋㄲ	ㄷㄸㅌ	ㅂㅍㅃㅁ	ㅈㅊㅉ ㅅㅆ	ㅎ

※ 오봉협 교수는 자음제자에 대한 확신을 학론에 밝히지 못함.

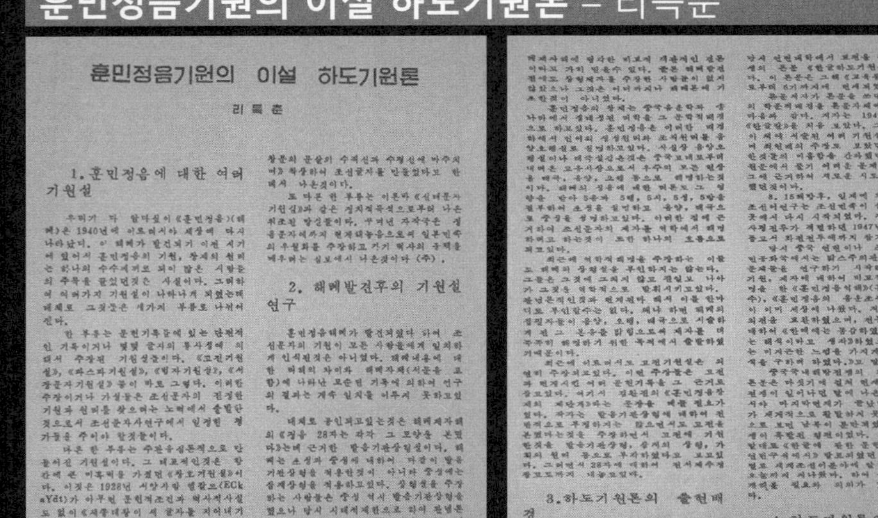
훈민정음기원의 이설 하도기원론 - 리득춘
훈민정음기원의 이설 하도기원론
리 득 춘
1. 훈민정음에 대한 여러 기원설
2. 해례발견후의 기원설 연구
3. 하도기원론의 출현배경
4. 하도기원론의 내용

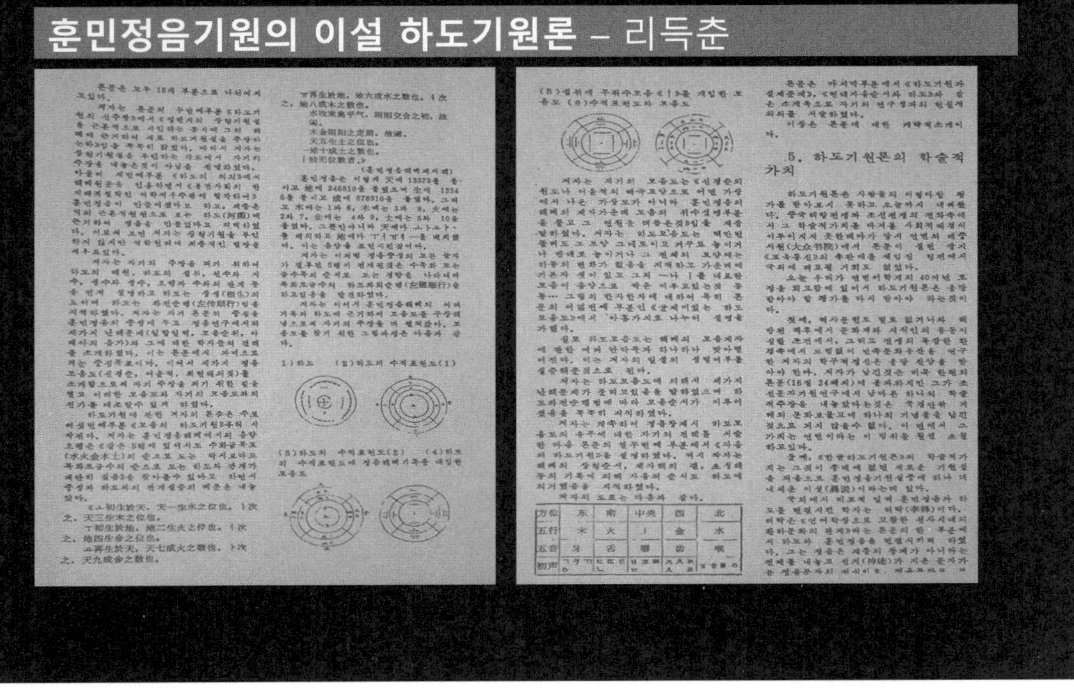
훈민정음기원의 이설 하도기원론 - 리득춘
5. 하도기원론의 학술적 가치

훈민정음기원의 이설 하도기원론 - 리득춘

훈민정음기원의 이설 하도기원론 - 리득춘

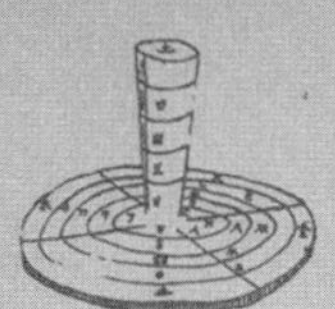

이 자음도와 자음도에 대한 설명에서 아(목) 설(화) 순(토) 치(금) 후(수)의 순서는 하도와 관계없다고 말하기 어렵지만, 그러나 이 순서와 청탁은 오히여 중국음운학에 련계되고있는것이다. 만약 중국음악이 하도와 관계될수가 있다 하더라도 그러한 결론을 내리기는 어려울것이다. 이를 감촉한 나머지 저자자신도《자음도에 관한 아무러한 문헌도 전함이 없으며 나의 이 가상도는 부질없는자의 한개의 장난에 지나지 못할것이며 쓸데없는 고집은 쓸 아무러한 리유도 없는것이다.》라고 하였다. 작자본신이 자기가 주장한 모음도에 대하여서는 신심을 보이면서 자음도에 대하여 이렇듯 신심을 보여주지 못하는것은 바로 자기의 주관적오유를 느꼈기때문이라고 보아진다.

(주) 김윤경《조선문자급어학사》

연변대학에서

조선학국제학술토론회를 거행

《연변대학조선학국제학술토론회》가 지난 8월 12일부터 14일까지 연변대학에서 성대히 거행되였다. 학술토론회는 언어, 문학, 력사, 철학 등 네개 분과로 나뉘여 진행되였다.

언어분과에서는 30여명의 국내학자와 조선, 일본, 미국, 남조선 등 나라의 6명 학자들이 참석하였으며 도합 25편의 론문이 발표되였다. 학술토론회에서 국내외의 학자들은 자기들의 연구성과를 충분히 발표하였으며 자기들의 학술견해를 구김없이 표황하였다. 교류된 론문들을 보면 조선어사, 조선어문법구조, 2중언어, 언어비교, 언어정책, 조선어서사규범, 연변조선어지명문제 등등 여러 면의 리론실천적문제들이 폭넓게 탐구되였으며 그 연구심도가 깊었다.

이번 학술회를 통하여 각국의 학자들은 상호간의 연구사업정황을 료해하게 되였으며 학술연구에서의 국제적협조와 련계를 가일층 강화하게 되였다.

제 2강

1. 초성자(17자)

구분	木	火	土	金	水
자음	ㄱ ㅋ ㆁ	ㄷ ㅌ ㄴ(ㄹ)	ㅂ ㅍ ㅁ	ㅈ ㅊ ㅅ (ㅿ)	ㆆ ㅎ ㅇ

2. 기본자(五字)(12P ~ 19P)

ㄱ。牙音。如君字初發聲

ㄴ。舌音。如那字初發聲

ㅁ。脣音。如彌字初發聲

ㅅ。齒音。如戌字初發聲

ㅇ。喉音。如欲字初發聲

ㄱ	기윽은 어금닛 소리이며 '군'자의 첫소리와 같다.
ㄴ	니은은 혓소리로 '나'자의 첫소리와 같다.
ㅁ	미음은 입술소리로 '미'자의 첫소리와 같다.
ㅅ	시읏은 잇소리로 '술'자의 첫소리와 같다.
ㅇ	이응은 목구멍 소리로 '욕'자의 첫소리와 같다.

3. 가획의 원리(예 ㄱ → ㅋ)

기본자	ㄱ	ㄴ	ㅁ	ㅅ	ㅇ
1획 가획자	ㅋ	ㄷ	ㅂ	ㅈ	ㆆ
2획 가획자	ㄲ (병합자)	ㅌ	ㅍ	ㅊ	ㅎ

3. 가획의 원리(예 ㄱ → ㅋ) (12P ~ 19P)

ㅋ。牙音。如快字初發聲
ㄷ。舌音。如斗字初發聲
ㅂ。脣音。如彆字初發聲
ㅅ。齒音。如戌字初發聲
ㅇ。喉音。如欲字初發聲

ㅋ	키읔은 어금닛 소리이며 '쾌'자의 첫소리와 같다.
ㄷ	디읃은 혓소리로 '두'자의 첫소리와 같다.
ㅂ	비읍은 입술소리로 '볃'자의 첫소리와 같다.
ㅅ	시읏은 잇소리로 '술'자의 첫소리와 같다.
ㅇ	이응은 목구멍 소리로 '욕'자의 첫소리와 같다.

3. 가획의 원리(예 ㄱ → ㅋ) (12P ~ 19P)

ㄲ。並書。如虯字初發聲

ㅌ。舌音。如呑字初發聲

ㄲ	기윽을 나란히 쓰면 '뀨'자의 첫소리와 같다.
ㅌ	티읕은 설음이니 혓소리로 '탄'자의 첫소리와 같다.

4. 중성자

- 중성자(11자)

구분	기본자	초출자	재출자
모음	· ㅡ ㅣ	ㅗ ㅏ ㅜ ㅓ	ㅛ ㅑ ㅠ ㅕ

5. 기본자(20P)

ᆞ。如呑字中聲
ㅡ。如即字中聲
ㅣ。如侵字中聲

• 天	• 아래아 '탄'자의 가운뎃 소리와 같다.
ㅡ 地	ㅡ 는 '즉'자의 가운뎃 소리와 같다.
ㅣ 人	ㅣ 는 '침'자의 가운뎃 소리와 같다.

6. 초출자(20P~22P)

ㅗ。如洪字中聲
ㅏ。如覃字中聲
ㅜ。如君字中聲
ㅓ。如業字中聲

ㅗ	ㅗ 는 '홍'자의 가운뎃 소리와 같다.
ㅏ	ㅏ 는 '땀'자의 가운뎃 소리와 같다.
ㅜ	ㅜ 는 '군'자의 가운뎃 소리와 같다.
ㅓ	ㅓ 는 '업'자의 가운뎃 소리와 같다.

7. 재출자(22P)

ᆢ如欲字中聲 ᆙ如穰字中聲 ᆩ如戍字中聲 ᆌ如彆字中聲

ᆢ	ᆢ 자는 '욕'자의 가운뎃 소리와 같다.
ᆙ	ᆙ 는 '양'자의 가운뎃 소리와 같다.
ᆩ	ᆩ 는 '숗'자의 가운뎃 소리와 같다.
ᆌ	ᆌ 는 '별'자의 가운뎃 소리와 같다.

8. 제자해(26P)

- 원리

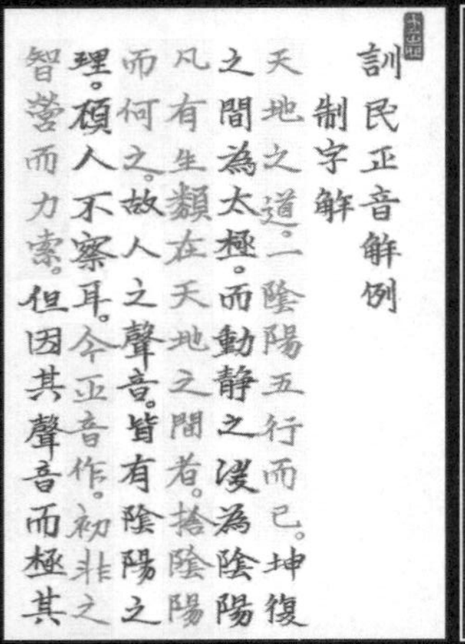
訓民正音解例
制字解
天地之道一陰陽五行而已坤復之間爲太極而動靜之後爲陰陽凡有生類在天地之間者捨陰陽而何之故人之聲音皆有陰陽之理顧人不察耳今正音之作初非智營而力索但因其聲音而極其

천지지도는 **일음양오행이이**니라.
- 하늘과 땅의 원리는 오로지 음양오행 일 뿐이다.

범유생류재천지지간자가 **사음양이하지**리오.
- 무릇 하늘과 땅 사이에 살아 있는 것들이 음양을 버리면 어떻게 될 것인가?

금정음지작은 **초비지영이력색**이요.
- 지금 바른소리를 만드는 것은 애초에 지혜를 짜내어 억지로 구한 것이 아니다.

8. 제자해(28P)

- 원리

이기불이니 **즉하득불여천지귀신동기용야**리오.
- 원리란 본래 둘이 아니므로 어찌 천지귀신(천지신명)과 그 작용을 같이 하지 않겠는가?

8. 제자해(28P, 145P)

- **초성(17字)**

상형의 원리	도해	자음 기본자는 발음기관의 모양을 본떠서 만듦
		혀뿌리가 목구멍을 닫는 모양, 어금닛 소리 (**아음**)
		혀가 윗 잇몸에 붙는 모양, 혓소리 (**설음**)
		입 모양을 본떠서 만듦, 입술소리 (**순음**)
		잇소리 치아의 모양, 잇소리 (**치음**)
		목구멍 모양을 본떠 만듦, 목구멍 소리 (**후음**)

8. 제자해(30P)

- 반설, 반치음

반설음ㄹ, 반치음△, 역상설치지형이이기체이나
무가획지의언이라.

- 반혓소리 'ㄹ'과 반잇소리 '△' 또한 혀와 이의 형태를 본떴지만 그 드러난 모양이 달라, 획을 더한 의미는 없다.

8. 제자해(30P)

- 사람소리와 五行

부인지유성은 **본어오행**이니라.

- 무릇 사람의 소리는 오행에 뿌리를 두고 있다.

후수이윤이나 **수야**니라.
성허이통이니 **여수지허명이유통야**니라.

- 목구멍은 깊은 곳에 있고 젖었으니 (오행 중) '물(水)'에 해당된다. 소리는 비어있으나 통하므로 들여다 보이는 물과 같고 흘러서 통하는 것과 같다.
  계절로는 겨울이고 소리중에는 우(羽)에 속한다.

8. **제자해**(32P)

- 발성기관과 자음(牙)

아착이장이니 **목야**니라.

- 어금니는 어긋나고 길어서 '나무(木)'에 해당된다.

성사후이실이니 **여목지생어수이유형야**니라.

어시위춘이요 **어음위각**이니라.

- 어금닛소리는 목구멍소리와 비슷하되 실체가 있으므로 나무가 물에 의해 자라나서 형체가 있는 것과 같다. 계절로는 '봄'이고 소리(오음) 중에는 '각'에 속한다.

8. **제자해**(32P)

- 발성기관과 자음(舌)

설예이동이니 **화야**니라.

성전이양은 **여화지전전이양양야**니라.

어시위하요 어음위치니라.

- 혀는 날카롭고 움직이므로 '불(火)'이다. 혓소리가 구르고 날리니 불이 이글거리며 타는 것과 같다. 계절로는 '여름'이고 소리(오음) 중에는 '치'에 속한다.

8. 제자해(32P)

- 발성기관과 자음(脣)

喉而實如木之生於水而有形也於時爲春於音爲角舌銳而動火也聲轉而颺如火之轉展而揚揚也於時爲夏於音爲徵齒剛而斷金也聲屑而滯如金之屑瑣而鍛成也於時爲秋於音爲商脣方而合土也聲含而廣如土之含蓄萬物而廣大也於時爲季夏於音爲

- 32 -

치강이단이니 **금야**니라.

성설이체하니 **여금지설쇄이단성야**니라.

어시위추요 **어음위상**이니라.

- 이는 단단하고 끊으므로 '쇠'에 해당된다. 잇소리가 부스러지면서 모아지는 것은 쇳가루가 단련되어 쇠가 되는 것과 같다. 계절로는 '가을'이고 소리(오음) 중에는 '상'에 속한다.

8. 제자해(32P)

- 발성기관과 자음(齒)

喉而實如木之生於水而有形也於時爲春於音爲角舌銳而動火也聲轉而颺如火之轉展而揚揚也於時爲夏於音爲徵齒剛而斷金也聲屑而滯如金之屑瑣而鍛成也於時爲秋於音爲商脣方而合土也聲含而廣如土之含蓄萬物而廣大也於時爲季夏於音爲

- 32 -

순방이합이니 **토야**니라.

성함이광이니 **여토지함축만물이광대야**니라.

어시위계하요 **어음위궁**이니라.

- 입술은 사각형이 합해지니 '흙(土)'에 해당된다. 입술소리는 머금으면서 넓으니 흙이 만물을 감싸고 광대한 것과 같다. 계절로는 '늦여름'이고 소리(오음) 중에는 '궁(宮)'에 속한다.

8. 제자해(34P)

■ 발성기관과 자음(喉)

宮然水乃生物之源火乃成物之
用故五行之中水火爲大喉乃出
聲之門舌乃辨聲之管故五音之
中喉舌爲主也喉居後而牙次之
北東之位也舌齒又次之南西之
位也脣居末土無定位而寄旺四
季之義也是則初聲之中自有陰
陽五行方位之數也又以聲音清

후내출성지문이요 **설내변성지관**이니
고오음지중에 **후설위주야**니라.
- 목구멍은 소리의 문이고 혀는 소리를 분별하는 기관이기 때문에 오음 가운데 목구멍소리와 혓소리가 주가 된다.

후거후이아차지하니 **북동지위야**니라.
- 목구멍은 뒤에, 어금니는 그 앞에 있으니 북쪽과 동쪽에 있다고 하겠다.

8. 제자해(34P)

■ 순은 의 작용

宮然水乃生物之源火乃成物之
用故五行之中水火爲大喉乃出
聲之門舌乃辨聲之管故五音之
中喉舌爲主也喉居後而牙次之
北東之位也舌齒又次之南西之
位也脣居末土無定位而寄旺四
季之義也是則初聲之中自有陰
陽五行方位之數也又以聲音清

순거말하니 **토무정위이기왕사계지의야**니라.
- 입술은 마지막에 있으니, 흙은 정해진 위치가 없어 사계절을 돕는다고 하겠다.

9. **재출자**(34P)

- 초성과 음양 오행

시즉초성지중에 **자유음양오행방위지수야**니라.

- 이런 즉, 첫소리 가운데에도 그 자체에 음양오행 방위의 수가 있다.

9. **재출자**(34P~36P)

- 성음의 맑기와 탁함

우이성음청탁이언지컨대

ㄱㄷㅂㅈㅅㆆ은 **위전청**이요 **ㅋㅌㅍㅊㅎ**은 **위차청**이니라.

- 또한 성음의 맑기와 탁함에 대해 말하자면 'ㄱ, ㄷ, ㅂ, ㅈ, ㅅ, ㆆ'은 모두맑은소리(全淸,무성무기음)이고 'ㅋ, ㅌ, ㅍ, ㅊ, ㅎ'은 다음맑은소리(次淸, 무성유기음)가 된다.

ㄲㄸㅃㅉㅆㆅ은 **위전탁**이요

ㆁㄴㅁㅇㄹㅿ은 **위불청불탁** 이니라.

- 'ㄲ,ㄸ,ㅃ,ㅉ,ㅆ,ㆅ'은 모두 탁한소리(全濁, 유성유기음)이고, 'ㆁㄴㅁㅇㄹㅿ'은 맑지도 탁하지도 않은소리(不淸不濁, 비음 유음 반모음 등의 공명음) 이다.

10. 제자해(36P)

- 글자를 만드는 시작(ㄴ, ㅁ, ㅅ, ㅇ)

ㄴㅁㅇ은 **기성최불려**이니 **고차서수재어후**나 **이상형제자즉위지시**니라.

- 'ㄴ, ㅁ, ㅇ'은 그 소리가 가장 거세지 않으므로 순서는 비록 뒤에 있지만 형태를 본떠 글자를 만드는 시작(기본)으로 삼았다.

ㅅㅈ수개위전청이나 **이ㅅ비ㅈ 성불려**이니 **고역위제자지시**니라.

- 'ㅅ, ㅈ'은 비록 모두 맑은소리이지만, 'ㅅ'이 소리가 거세지 않아 글자를 만드는 시작으로 삼았다.

10. 제자해(36P~38P)

- ㆁ와 ㅇ의 비교

유아지ㆁ은 **수설근폐후성기출비**나 **이기성여ㅇ상사**이니 **고운서의[ㆁ]여유[ㅇ]다상혼용**이니라.

- 다만, 어금닛소리 'ㆁ'은 혀뿌리가 목구멍을 막아 소리 기운이 코로 나오지만, 그 소리가 'ㅇ'과 서로 유사하여, 운서에도 'ㆁ'과 'ㅇ'를 서로 혼용하는 경우가 많다.

10. 제자해(38P)

▪ ㆁ와 ㅇ의 비교

相似故韻書疑與喩多相混用今
亦取象於喉而不爲牙音制字之
始蓋喉屬水而牙屬木ㆁ雖在牙
而與ㅇ相似猶木之萌芽生於水
而柔軟尙多水氣也ㄱ木之成質
ㅋ木之盛長ㄲ木之老壯故至此
乃皆取象於牙也全淸並書則爲
全濁以其全淸之聲凝則爲全濁

금역취상어후나 **이불위아음제자지시**니라.
개후속수이아속목이니 **ㆁ수재아이여ㅇ상사**하여
유목지맹아생어수이유연이며 **상다수기야**니라.

- (따라서) 지금 (ㆁ자를) 목구멍에서 본떠 만들었으나, 어금닛소리의 글자를 만드는 시작으로 하지 않는다. (이는) 대개 목구멍소리는(오행 중)물이고 어금닛소리는 나무에 속하므로 'ㆁ'이 비록 어금닛소리이지만 'ㅇ'과 비슷하여 마치 나무의 싹이 물에서 나와 부드럽고 물의 기운이 많음과 같다.

❖ 한글의 우수성

표음문자의 특성	한글과 영어의 공통성은 분절음, 모음 자음 구별
종성부용초성	첫소리를 종성에 쓰는 원리, 첫소리와 끝소리가 같은 개념

❖ 한글의 우수성 (훈민정음 혜례본을 기준으로)

도상성	**글자의 모양과 발음 기관이 닮아 있다.(상형문자)** (서양의 영어는 ABCD 글자의 모양과 발음이 상관없다)
자질성 (가획의 원리)	**ㅋ은 ㄱ에 비하여 소리나는게 조금 센 까닭에 획을 더하였다.** (일명 자질문자라고 부르는 이유)
비선형성	**문자의 개별기호들이 영어 단어처럼 연속적으로 배열되는 속성.**

❖ 도상성

- 正音二十八字, 各象基形而制之
- 初聲凡十七字
- 牙音 ㄱ, 象舌 根閉 喉之形
- 舌音 ㄴ, 象舌附上腭之形
- 脣音 ㅁ, 象口形
- 齒音 ㅅ, 象齒形
- 喉音 ㅇ, 象喉形

❖ 가획의 원리(자질문자)

ㄱ → ㅋ → ㄲ

ㄴ → ㄷ → ㅌ

ㅁ → ㅂ → ㅍ

ㅅ → ㅈ → ㅊ

ㅇ → ㆆ → ㅎ

소리가 거세질때
획을 더하는
규칙적인 원리

❖ 비선형성(음절단위 모아쓰기, 비선형)

初中終三聲 合而成字	초성, 중성, 종성의 3성은 어울려야 글자를 이룬다.
初聲或在中聲之上 或在中聲之左	초성은 중성의 위에 놓이거나 아래, 왼쪽 오른쪽에 놓인다.
中聲即圓者 橫者 在初聲 之下	중성의 둥근것과 가로로 된것은 초성의 아래에 놓인다.
縱者在初聲之右	세로로 된것은 초성의 오른쪽에 놓이는데 ㅣㅏㅑㅓㅕ是也가 그것이다.
終聲在初中之下	종성은 초성, 중성의 아래에 놓인다.

* 낱자들이 하나의 네모안에 모여있는것
* 글자와 음절을 시각적으로 구별 할 수 있다. 어디까지가 글자이고 어디까지가 음절인지 눈에 보인다.
* 한글은 음절 문자와 음성문자의 장점이 조합되어있는 문자이다.

❖ 결론

一. 훈민정음이 과학적이다를 설명하려면,
도상성, 천문성, 지리성, 수리성의 조합자를 이해 시킬 수 있어야 한다.

一. 훈민정음이 왜 체계적인지를 설명하려면 훈민정음의 자질성을 설명하라.

一. 훈민정음이 왜 실용적인지를 설명하려면 훈민정음의 비선형성을 설명하라.
현대의 컴퓨터 키보드를 생각해보면 세계 최고의 실용성을 갖고 있다.
(한자보다 100배 빠르고 영어보다 30배 빠른 타수)

제 3강

38P

ㄱ은 목지성질이고 ㅋ은 목지성장이요
ㄲ은 목지노장이니 고지차내개취상어아야니라.

- 'ㄱ'은 나무가 바탕을 이룬 것이고 'ㅋ'은 나무가 성장한 것이며 'ㄲ'은 나무가 늙어 굳건해진 것이다. 그러므로 이는 모두 어금니에서 그 모양을 본뜬 것이다.

전청병서즉위전탁은 이기전청지성응즉위전탁야니라

- 모두맑은소리(전청)를 나란히 쓰면 모두탁한소리(전탁)가 되는 것은 전청의 소리가 엉기면 (그 결과 느려지면) 전탁이 되기 때문이다.

40P

유후음차청위전탁자는 개이 성심불위지응이요
ㅎ비ㆆ성천이니 고응이위전탁야니라.

- 오직 목구멍소리의 경우에만 다음맑은소리(차청)가 모두탁한소리(전탁)가 되는데 그것은 대개 'ㆆ'은 소리가 깊어 엉기지 않고 'ㅎ'은 'ㆆ'보다 소리가 얕아 엉기어 전탁이 되기 때문이다.

ㅇ연서순음지하하면 즉위순경음자는
이경음순사합이후성다야니라.

- 'ㅇ'을 입술소리 아래에 이어 쓰면 곧 입술가벼운소리(순경음)가 되는 것은 가벼운 소리는 입술이 잠깐 합쳐지면서 목구멍소리가 많아지기 때문이다.

중성 十一자(40P)

중성범십일자니라. • 설축이성심하여 천개어자야니라.
행지원은 상호천야니라.

- 가운뎃소리는 모두 열한 자이다. '•'(아래아)는 혀를 오므려서 소리가 깊으니 하늘이 자시에 열리는 것과 같다(첫 번째로 만들어졌다). 둥근 모양은 하늘을 본뜬 것이다.

ㅡ설소축이성불심불천이니 지벽어축야니라.
형지평은 상호지야니라.

- 'ㅡ'는 혀를 조금 오므려서 소리가 깊지도 얕지도 않으니 땅이 축시에 열리는 것과 같다 (두 번째로 만들어졌다). 평평한 모양은 땅을 본떴다.

중성 十一자(42P)

ㅣ설불축이성천하니 인생어인야니라.
형지평은 상호인야니라.

- 'ㅣ'는 혀를 오므리지 않아 소리가 얕으니 사람이 인시에 생긴 것과 같다(세 번째로 만들어졌다). 일어선 모양(ㅣ)은 사람을 본뜬 것이다.

차하팔성은 일합일벽이니라.

- 아래의 여덟 소리는 하나가 닫힌(입술을 둥글게 오므린) 소리이면 하나는 열린(입을 펼쳐 벌린) 소리 이다.

중성 十一자(42P)

縮而聲淺人生於寅也形之立象
乎人也此下八聲一闔一闢ㅗ與
ㆍ同而口蹙其形則ㆍ與ㅡ合而
成取天地初交之義也ㅏ與ㆍ同
而口張其形則ㅣ與ㆍ合而成取
天地之用發於事物待人而成也
ㅜ與ㅡ同而口蹙其形則ㅡ與ㆍ
合而成亦取天地初交之義也ㅓ

ㅗ여ㆍ동이구축이며 기형즉ㆍ여ㅡ합이성은
취천지초교지의야니라.

- 'ㅗ'는 'ㆍ'와 같되 입을 오므리는데, 그 모양은 'ㆍ'와 'ㅡ'가 합한 것으로 하늘과 땅이 처음 만난다는 의미를 지녔다.

ㅏ여ㆍ동이구장이며 기형즉ㅣ여ㆍ합이성이니
취천지지용발어사물대인이성야니라.

- 'ㅏ'는 'ㆍ'와 같되 입을 벌리는데, 그 모양은 'ㅣ'와 'ㆍ'가 합한 것으로 하늘과 땅의 작용으로 모든 사물이 나오지만 사람을 기다려 이룬다는 의미를 지녔다.

중성 十一자(42P)

縮而聲淺人生於寅也形之立象
乎人也此下八聲一闔一闢ㅗ與
ㆍ同而口蹙其形則ㆍ與ㅡ合而
成取天地初交之義也ㅏ與ㆍ同
而口張其形則ㅣ與ㆍ合而成取
天地之用發於事物待人而成也
ㅜ與ㅡ同而口蹙其形則ㅡ與ㆍ
合而成亦取天地初交之義也ㅓ

ㅜ여ㅡ동이구축이며 기형즉ㅡ여ㆍ합이성은
역취천지초교지의야니라.

- 'ㅜ'는 'ㅡ'와 같되 입을 오므리는데, 그 모양은 'ㅡ'와 'ㆍ'가 합한 것으로 역시 하늘과 땅이 처음 만난다는 의미를 지녔다.

중성 十一자(44P)

與一同而口張。其形則·與ㅣ合而成。亦取天地之用發於事物待人而成也。ㅛ與ㅗ同而起於ㅣ。ㅑ與ㅏ同而起於ㅣ。ㅠ與ㅜ同而起於ㅣ。ㅕ與ㅓ同而起於ㅣ。ㅗㅏㅜㅓ始於天地。爲初出也。ㅛㅑㅠㅕ起於ㅣ而兼乎人。爲再出也。ㅗㅏㅜㅓ之一其圓者。取其初生之義

ㅓ여ㅡ동이구장이며 기형즉ㆍ여 ㅣ 합이성이니 역취천지지용발어사물대인이성야니라.

- 'ㅓ'는 'ㅡ'와 같되 입을 벌리는데, 그 모양은 'ㆍ'와 'ㅣ'가 합한 것으로 역시 하늘과 땅의 작용으로 모든 사물이 나오지만 사람을 기다려 이룬다는 의미를 지녔다.

중성 十一자(44P)

與一同而口張。其形則·與ㅣ合而成。亦取天地之用發於事物待人而成也。ㅛ與ㅗ同而起於ㅣ。ㅑ與ㅏ同而起於ㅣ。ㅠ與ㅜ同而起於ㅣ。ㅕ與ㅓ同而起於ㅣ。ㅗㅏㅜㅓ始於天地。爲初出也。ㅛㅑㅠㅕ起於ㅣ而兼乎人。爲再出也。ㅗㅏㅜㅓ之一其圓者。取其初生之義

ㅛ여ㅗ동이기어ㅣ요 ㅑ여ㅏ동이기어ㅣ니라.
ㅠ여ㅜ동이기어ㅣ요 ㅕ여ㅓ동이기어ㅣ니라.

- 'ㅛ'는 'ㅗ'와 같되 'ㅣ'에서 시작되고 'ㅑ'는 'ㅏ'와 같되 'ㅣ'에서 시작된다.
- 'ㅠ'는 'ㅜ'와 같되 'ㅣ'에서 시작되고 'ㅕ'는 'ㅓ'와 같되 'ㅣ'에서 시작된다.

ㅗ ㅏ ㅜ ㅓ 시어천지이니 위초출야니라.
ㅛ ㅑ ㅠ ㅕ 기어ㅣ이겸호인이니 위재출야니라.

- 'ㅗ, ㅏ, ㅜ, ㅓ'는 하늘과 땅에서 시작하였으니 처음 나온것이고, 'ㅛ, ㅑ, ㅠ, ㅕ'는 'ㅣ'에서 이어져 사람을 겸했으니 거듭 나온것 이다.

중성 十一자(44P ~ 46P)

ㅗ ㅏ ㅜ ㅓ 지일기원자는 취기초생지의야니라.

- 'ㅗ, ㅏ, ㅜ, ㅓ'가 원점(•)이 하나인 것은 처음에 생겼다는 의미를 지녔다.

ㅛ ㅑ ㅠ ㅕ 지이기원자 취기재생지의야니라.

- 'ㅛ, ㅑ, ㅠ, ㅕ'가 원점이 두개(• •)인 것은 두 번째로 생겼다는 의미를 지녔다.

중성 十一자(46P)

ㅗ ㅏ ㅛ ㅑ 지원거상여외자는 이기출어천이위양야니라.

ㅜ ㅓ ㅠ ㅕ 지원거하여내자는 이기출어지이위음야니라.

- 'ㅗ, ㅏ, ㅛ, ㅑ'의 원점이 위와 바깥(오른쪽)에 있는 것은 하늘에서 나와서 양(양성모음)이 되기 때문이고, 'ㅜ, ㅓ, ㅠ, ㅕ'의 원점이 아래와 안(왼쪽)에 있는 것은 땅에서 나와서 음(음성모음)이 되기 때문이다.

• **지관어팔성자는 유양지통음이주류만물야니라.**

- ' • '가 여덟 소리에 두루 있는 것은 양이 음을 통해 만물에 두루 미침과 같다.

중성 十一자(46P ~ 48P)

ㅛ ㅑ ㅠ ㅕ 지개겸호인자는
이인위만물지영이능참량의야니라.

- 'ㅛ, ㅑ, ㅠ, ㅕ'가 모두 사람(ㅣ)을 포함한 것은 사람이 만물 중 가장 신령하여 양의(하늘과 땅, 음과 양)에 참여할 수 있기 때문이다.

취상어천지인이니.

- 하늘과 땅의 사람에서 모양을 취했으니,

이삼재지도비의니라. 연삼재위만물지선이요
이천우위삼재지시하니 유 • ㅡ ㅣ 삼자위팔성지수하고
이 • 우위삼자지관야니라.

- 삼재의 이치를 갖춘 것이다. 그러므로 삼재가 만물의 우선이며 하늘이 삼재의 시작이니 '·,ㅡ,ㅣ'세 글자가 여덟 소리의 머리이고 또한 '·'가 세글자 중 으뜸이다.

중성 十一자(48P)

ㅗ초생어천한 천일생수지위야니라.
ㅏ차지하니 천삼생목지위야니라.
ㅜ초생어지하니 지이생화지위야니라.
ㅓ차지하니 지사생금지위야니라.

- 'ㅗ'는 하늘에서 먼저 생겼으니 하늘의 수로는 1이고 물을 낳은 자리 이다.
- 'ㅏ'는 그 다음으로 생겼는데 하늘의 수로는 3이고 나무를 낳는 자리이다.
- 'ㅜ'는 땅에서 처음 생겼는데 땅의 수 로는 2이고 불을 낳는 자리이다.
- 'ㅓ'는 그 다음으로 생긴 것이니 땅의 수로는 4이고 쇠를 낳는 자리이다.

중성 十一자(48P ~ 50P)

ㅛ재생어천하니 천칠성화지수야니라.
ㅑ차지하니 천구성금지수야니라.

- 'ㅛ'는 하늘에서 두 번째로 생겼으니 하늘의 수로는 7이고 불을 이루는 숫자다. 'ㅑ'는 그 다음으로 생겼으니 하늘의 수로는 9이고 쇠를 이루는 숫자다.

ㅠ재생어지하니 지육성수지수야니라.
ㅕ차지하니 지팔성목지수야니라.

- 'ㅠ'는 땅에서 두 번째로 생겼으니 땅의 수로는 6이고 물을 이루는 숫자다. 'ㅕ'는 그 다음으로 생겼으니 땅의 수로는 8이고 나무를 이루는 숫자다.

중성 十一자(50P)

수화미리호기하여 음양교합지초하니 고합니이라.
목금음양지정질이니 고벽이니라.

- 물(ㅗ, ㅠ)과 불(ㅜ, ㅛ)은 아직 기에서 벗어나지 못하여 음과 양이 서로 교합하는 시초로 오므리게 되고(원순모음이 되고), 나무(ㅏ, ㅕ)와 쇠(ㅓ, ㅑ)는 음양이 바탕을 고정하였으니 열리게 된다 (비원순모음 즉, 평순모음이 된다.)

- **천오생토지위야니라. ㅡ지십성토지수야니라.**
  - 'ㆍ'는 하늘의 수로는 5이고 흙을 낳는 자리이다. 'ㅡ'는 땅의 수로는 10이고 흙을 이루는 숫자다.

중성 ㅜㅡ자(50P ~ 52P)

成金之數也。ㅠ再生於地。地六成
水之數也。ㅕ次之。地八成木之數
也。水火未離乎氣。陰陽交合之初。
故闔。木金陰陽之定質。故闢。ㆍ天
五生土之位也。ㅡ地十成土之數
也。ㅣ獨無位數者。蓋以人則無極
之眞。二五之精。妙合而凝。固未可
以定位成數論也。是則中聲之中
亦自有陰陽五行方位之數也。以
初聲對中聲而言之。陰陽天道也。
剛柔地道也。中聲者一深一淺一

- 50 -

ㅣ독무위수자는 개이인즉무극지진이고 이오지정이요 묘합이응이니 고미가이정위성수론야니라.

시즉중성지중에

- 'ㅣ'에만 해당되는 자릿수가 없는 것은 대개 사람은 무극의 핵심으로 음양오행의 정기가 신묘하게 섞이어 본디 정해진 자리나 이루는 숫자를 논할 수 없기 때문이다. 이는 곧 가운뎃소리 중에도

역자유음양오행방위지수야니라.

- 또한 음양, 오행, 방위의 자릿수가 있음이다.

이초성대중성이언지하면 음양은 천도야요 강유는 지도야니라.

- 첫소리 대 가운뎃소리로써 말하자면 음양은 하늘의 이치이고 강유는 땅의 이치다.

중성 ㅜㅡ자(52P)

亦自有陰陽五行方位之數也以
初聲對中聲而言之。陰陽天道也。
剛柔地道也。中聲者一深一淺一
闔一闢。是則陰陽分而五行之氣
具焉天之用也。初聲者或虛或實
或颺或滯或重若輕。是則剛柔著
而五行之質成焉地之功也。中聲
以深淺闔闢唱之於前。初聲以五

중성자는 일심일천일합일벽하고 시즉음양분이오행지기구언이니 천지용야니라.

- 가운뎃소리는 하나가 깊으면 다른 하나는 얕고 하나가 오므리면 다른 하나는 펼친다. 이는 곧 음양으로 나뉘어 오행의 기운이 갖추어지는 것이니 하늘의 작용이다.

중성 ㅡ자(52P)

亦自有陰陽五行方位之數也。以
初聲對中聲而言之。陰陽天道也。
剛柔地道也。中聲者。一深一淺一
闔一闢。是則陰陽分而五行之氣
具焉。天之用也。初聲者。或虛或實
或颺或滯或重若輕。是則剛柔著
而五行之質成焉。地之功也。中聲
以深淺闔闢唱之於前。初聲以五

초성자는 혹허혹실혹양혹체혹중약경하고

시즉강유저이오행지질성언이니 지지공야니라.

- 첫소리는 어떤 것은 비고(후음) 어떤 것은 차고(아음) 어떤 것은 날리고(설음) 어떤 것은 엉기고(치음) 어떤 것은 무겁고(순중음) 어떤 것은 가볍다(순경음) 이는 곧 강하고 부드러움이 드러나 오행이 바르게 이루어진 것이니 땅이 작용한 것이다.

중성 ㅡ자(52P ~ 54P)

亦自有陰陽五行方位之數也。以
初聲對中聲而言之。陰陽天道也。
剛柔地道也。中聲者。一深一淺一
闔一闢。是則陰陽分而五行之氣
具焉。天之用也。初聲者。或虛或實
或颺或滯或重若輕。是則剛柔著
而五行之質成焉。地之功也。中聲
以深淺闔闢唱之於前。初聲以五
音淸濁和之於後。而爲初亦爲終。
亦可見萬物初生於地。復歸於地
也。以初中終合成之字言之。亦有

중성이심천합벽창지어전하고

- 가운뎃소리가 깊게, 얕게, 오므리고, 펼치면서 앞에서 소리를 내면

초성이오음청탁화지어후이니 이위초역위종이니라.

- 첫소리는 오음(아음, 설음, 순음, 치음, 후음)의 맑은소리나 탁한소리로 뒤에서 화답하니 첫소리는 다시 끝소리가 되기도 하는 것이다.

역가견만물초생어지하여 복귀어지야니라.

- 이는 또한 만물이 땅에서 나와 다시 땅으로 돌아가는 이치와 같다.

중성 十一자(54P)

音淸濁而和之於後而爲初亦爲終亦可見萬物初生於地復歸於地也以初中終合成之字言之亦有動靜互根陰陽交變之義焉動者天也靜者地也兼乎動靜者人也蓋五行在天則神之運也在地則質之成也在人則仁禮信義智神之運也肝心脾肺腎質之成也初

- 54 -

이초중종합성지자언지니 역유동정호근음양교변지의언이니라.

- 첫소리와 가운뎃소리와 끝소리가 어울려 글자를 이루는데 이것이 대해 말하자면 또한 움직임과 멈춤이 서로 뿌리가 되어 음과 양이 서로 바뀐다는 의미다.

동자는 천야고 정자는 지야요 겸호동정자는 인야니라.

- 움직이는 것은 하늘(초성, 첫소리)이고 멈춰 있는 것은 땅(종성, 끝소리)이며 움직임과 멈춤을 겸한 것은 사람(중성, 가운뎃소리)이다. 대개 오행은 하늘에 있은 즉 신께서 움직이는 것이고 땅에 있은 즉 바탕이 이루어지는 것이다.

중성 十一자(54P)

音淸濁而和之於後而爲初亦爲終亦可見萬物初生於地復歸於地也以初中終合成之字言之亦有動靜互根陰陽交變之義焉動者天也靜者地也兼乎動靜者人也蓋五行在天則神之運也在地則質之成也在人則仁禮信義智神之運也肝心脾肺腎質之成也初

- 54 -

재인즉인예신의지신지운야요 간심비폐신질지성야니라.

- 사람의 경우라면 '어짊, 예의, 믿음, 의로움, 지혜'가 (하늘이니) 신의 운행이고 '간장, 심장, 비장, 폐장, 신장'은 (땅이니) 바탕을 이루는 것이다.

중성 十一자(56P)

聲有發動之義天之事也終聲有止定之義地之事也中聲承初之生接終之成人之事也蓋字韻之要在於中聲初終合而成音亦猶天地生成萬物而其財成輔相則必賴乎人也終聲之復用初聲者以其動而陽者乾也靜而陰者亦乾也乾實分陰陽而無不君宰也

\- 56 -

초성유발동지의하니 천지사야니라.
종성유지정지의하니 지지사야니라.
중성승초지생하고 접종지성하니 인지사야니라.
개자운지요는 재어중성이요 초종합이성음이니라.

- 첫소리는 일어나 움직임의 뜻이 있으니 하늘의 일이다.
- 끝소리는 그치고 머무름의 뜻이 있으니 땅이 하는 일이다.
- 가운뎃 소리는 첫소리를 생기게 하고 이어서, 끝소리를 이루어지게 하여 서로 붙게 하니 사람이 하는 일이다. 대개 글자 소리의 핵심은 가운뎃소리에 있으니 첫소리와 끝소리를 어울러 음절을 이룬다.

중성 十一자(56P)

聲有發動之義天之事也終聲有止定之義地之事也中聲承初之生接終之成人之事也蓋字韻之要在於中聲初終合而成音亦猶天地生成萬物而其財成輔相則必賴乎人也終聲之復用初聲者以其動而陽者乾也靜而陰者亦乾也乾實分陰陽而無不君宰也

\- 56 -

역유천지생성만물이나 이기재성보장즉필뢰호인야니라.

- 이는 또한 하늘과 땅이 만물을 생성하지만, 그것이 쓸모 있도록 돕는 것은 반드시 사람에게 힘입음과 같다.

종성지복용초성자는 이기동이양자건야요
정이음자역건야이니 건실분음양이무불군재야니라.

- 끝소리에 첫소리를 다시 쓰는 것은 그것이 움직여 양이 된 것도 하늘이고 멈추어 음이 된 것도 하늘이니, 하늘은 실로 음양으로 나뉘어 주재하여 다스리지 않음이 없기 때문이다.

제 4강

58P

一元之氣周流不窮四時之運循
環無端故貞而復元冬而復春初
聲之復為終終聲之復為初亦此
義也吁正音作而天地萬物之理
咸備其神矣哉是殆天啓
聖心而假手焉者乎訣曰
天地之化本一氣
陰陽五行相始終

\- 58 -

일원지기는 **주류불궁**하고 **사시지운**은 **순환무단**이니
고정이부원하고 **동이복춘**하니라
초성지복위종하고 **종성지복위초**하니 **역차의야**니라.

-하나의 기운이 두루 흘러 다함이 없고 사계절의 운행이 순환하면서 끝이 없으나, 만물의 거둠에서 다시 만물의 시초가 되고 겨울이 다시 봄이 되는 것이다. 첫소리가 다시 끝소리가 되고 끝소리가 다시 첫소리가 되는 것도 역시 이와 같은 뜻이다.

58P

一元之氣周流不窮四時之運循
環無端故貞而復元冬而復春初
聲之復為終終聲之復為初亦此
義也吁正音作而天地萬物之理
咸備其神矣哉是殆天啓
聖心而假手焉者乎訣曰
天地之化本一氣
陰陽五行相始終

\- 58 -

우라. **정음작이천지만물지리함비**하니 **기신의재**로구나.
시태천계성심이가수언자호니라. **결왈**

\- 아, 바른소리가 만들어져 하늘과 땅과 모든 사물의 이치가 모두 갖추어지니 신비롭구나. 이는 분명 하늘이 성군(세종대왕)의 마음을 여시고 그 손(솜씨)을 빌려주신 것이 아니겠는가. 간추려 말하자면

천지지화본일기이니 **음양오행상시종**이라.

\- 하늘과 땅의 조화로움은 본래 하나의 기운이니 음양오행이 서로 시작과 끝이 되네.

60P

物於兩間有形聲
元本無二理數通
正音制字尙其象
因聲之厲每加畫
音出牙舌脣齒喉
是爲初聲字十七
牙取舌根閉喉形
唯業似欲取義別

- 60 -

물어양간유형성이니 **원본무이리수통**이라.

- 둘(하늘과 땅)사이 만물에는 형태와 소리가 있되 근본은 둘이 아니니 이치와 숫자로 통하네.

정음제자상기상하되 **인성지려매가획**이라.

- 바른소리를 만들면서 그 모양을 본뜨되 소리의 세기에 따라 획을 더했네.

60P

物於兩間有形聲
元本無二理數通
正音制字尙其象
因聲之厲每加畫
音出牙舌脣齒喉
是爲初聲字十七
牙取舌根閉喉形
唯業似欲取義別

- 60 -

음출아설순치후하니 **시위초성자십칠**이라.

- 소리는 '어금니, 혀, 입술, 이, 목구멍'에서 나오니 여기에서 첫소리 열입곱 글자가 나왔네.

아취설근폐후형이나 **유업[ㆁ]사욕[ㅇ]취의별**이라.

- 어금닛소리(ㄱ, ㅋ, ㄲ, ㆁ)는 혀뿌리가 목구멍을 막는 형태를 취하였는데, 다만 'ㆁ'은 'ㅇ'과 비슷하지만 그 취한 뜻이 다르네.

62P

舌迺象舌附上腭
脣則實是取口形
齒喉直取齒候象
知斯五義聲自明
又有半舌半齒音
取象同而體則異
那彌戌欲聲不厲
次序雖後象形始

설내상설부상조이요 **순즉실시취구형**이라.

- 혓소리(ㄷ, ㅌ, ㄸ, ㄴ)는 혀가 윗잇몸에 닿는 모양을 본뜨고 입술소리(ㅂ, ㅍ, ㅃ, ㅁ)는 실제 입의 형태를 취하였네.

취후직취치후상하니 **지사오의성자명**이라.

- 잇소리(ㅈ, ㅊ, ㅉ, ㅅ, ㅆ)와 목구멍소리(ㆆ,ㅎ ,ㆅ,ㅇ)도 바로 이와 목구멍 모양을 본뜬 것이니, 이러한 다섯 가지의 의미를 알면 소리가 저절로 분명해진다.

62P

舌迺象舌附上腭
脣則實是取口形
齒喉直取齒候象
知斯五義聲自明
又有半舌半齒音
取象同而體則異
那彌戌欲聲不厲
次序雖後象形始

우유반설반치음이나 **취상동이체즉**이라.

- 또한 반혓소리(ㄹ)와 반잇소리(△)가 있는데, 같은 형상으로 본떴지만 드러난 모양이 다르다.

나[ㄴ]미[ㅁ]술[ㅅ]욕[ㅇ]성불려하니 **차서수후상형시**라.

- 'ㄴ, ㅁ, ㅅ, ㅇ'은 소리는 세지 않아서 차례의 순서는 나중이지만 모양을 본뜸으로는 처음이 되네.

64P

配諸四時與沖氣
五行五音無不協
雖唯為水冬與羽
牙迺春木其音角
徵音夏火是舌聲
齒則商秋又是金
脣於位數本無定
土而季夏為宮音

- 64 -

배제사사여충기하니 **오행오음불협**이라.

- (바른소리가) 사계절과 충기와 짝을 이루니 오행과 오음에 어울리지 않는 것이 없네.

유후위수동여우요 **아내춘목기음각**이라.

- 목구멍소리는 (오행 중) 물이고 (사계절 중) 겨울이며 (오음중) 우가 되네. 어금닛소리는 나무이고 봄이며 각이 되네.

64P

配諸四時與沖氣
五行五音無不協
雖唯為水冬與羽
牙迺春木其音角
徵音夏火是舌聲
齒則商秋又是金
脣於位數本無定
土而季夏為宮音

- 64 -

치음하화시설성이요 **치즉상추우시금**이라.

- 혓소리는 여름이고 불이며 (오음 중) 치가 되네.
  잇소리는 가을이고 쇠이며 (오음 중) 상이 되네.

순어위수본무정이니 **토이계하위궁음**이라.

- 입술소리는 본디 위치와 수의 정함이 없으니 흙이고 늦여름이며 (오음 중) 궁이 되네.

66P

聲音又自有淸濁
要於初發細推尋
全淸聲是君斗彆
即戌挹亦全淸聲
若迺快呑漂侵虛
五音各一爲次淸
全濁之聲虯覃步
又有慈邪亦有洪

성음우자유청탁이니 **요어초발세추심**이라.

- 말소리에는 또한 본디 맑은소리와 탁한소리가 있으니, 첫소리 내기부터 자세히 살펴보는 것이 중요하네.

전청성시군[ㄱ]두[ㄷ]별[ㅂ]이요

즉[ㅈ]술[ㅅ]읍[ㆆ]역전청성이라.

- 모두맑은소리는 'ㄱ, ㄷ, ㅂ'이고 'ㅈ, ㅅ, ㆆ' 또한 모두 맑은소리라네.

66P

聲音又自有淸濁
要於初發細推尋
全淸聲是君斗彆
即戌挹亦全淸聲
若迺快呑漂侵虛
五音各一爲次淸
全濁之聲虯覃步
又有慈邪亦有洪

약내쾌[ㅋ]탄[ㅌ]표[ㅍ]침[ㅊ]허[ㅎ]는

오음각일위차청이라.

- 'ㅋ, ㅌ, ㅍ, ㅊ, ㅎ'으로 말하자면 오음(ㄱ, ㄷ, ㅂ, ㅅ, ㅇ)에서 각각 다음맑은 소리가 된 것이네.

전탁지성규[ㄲ]담[ㄸ]보[ㅃ]요

우유자[ㅉ]사[ㅆ]역유홍[ㆅ]이라.

- 모두탁한소리는 'ㄲ, ㄸ, ㅃ'이고 또한 'ㅉ, ㅆ, ㆅ'도 있네.

68P

全清並書為全濁
唯洪自虛是不同
業那彌欲及閭穰
其聲不清又不濁
欲之連書為脣輕
喉聲多而脣乍合
中聲十一亦取象
精義未可容易觀

- 68 -

전청병서위전탁이나 **유홍[ㆅ]자허[ㅎ]시불동**이라.

- 모두맑은소리를 나란히 같이 쓰면 모두탁한소리가 되는데, 다만 'ㆅ'만은 (모두맑은소리 'ㆆ'이 아니라) 다음맑은소리 'ㅎ'에서 온 것이니 다르다 하겠네.

업[ㆁ]나[ㄴ]미[ㅁ]욕[ㅇ]급려[ㄹ]양[ㅿ]은 **기성불청우불탁**이라.

- 'ㆁ, ㄴ, ㅁ, ㅇ'과 'ㄹ, ㅿ'은 그 소리가 맑지도 탁하지도 않네.

68P

全清並書為全濁
唯洪自虛是不同
業那彌欲及閭穰
其聲不清又不濁
欲之連書為脣輕
喉聲多而脣乍合
中聲十一亦取象
精義未可容易觀

- 68 -

욕[ㅇ]지연서위순경이니 **후성다이순사합**이라.

- 'ㅇ'을 이어쓰면 (ㅱㅸㅹㆄ)입술 가벼운 소리가 되는데, 목구멍소리가 많아지면서 입술을 잠깐 오므리네.

중성십일역취상이나 **정의미가용이관**이라.

- 가운뎃소리 열한 글자 또한 모양을 본떴으나 자세한 뜻은 가히 쉽게 보지 못하네.

※ 하도에서 나왔으므로 가히 쉽게 보지 못하나 가히 쉽게 볼 수 있었다.

70P

呑擬於天聲最深
所以圜形如彈丸
即聲不深又不淺
其形之平象乎地
侵象人立厥聲淺
三才之道斯為備
洪出於天尙為闔
象取天圓合地平

- 70 -

탄[•]의어천성최심이니 **소이원형여탄환**이라.

- '·'는 하늘을 본떠 소리가 가장 깊으니 둥근 모양이 탄알과 같네.

즉[ㅡ]성불심우불천이니 **기형지평상호지**라.

- 'ㅡ'는 깊지도 얕지도 않으니 그 평평한 모양은 땅을 본떴네.

70P

呑擬於天聲最深
所以圜形如彈丸
即聲不深又不淺
其形之平象乎地
侵象人立厥聲淺
三才之道斯為備
洪出於天尙為闔
象取天圓合地平

- 70 -

침[ㅣ]상인입궐성천이니 **삼재지도사위비**라.

- 'ㅣ'는 사람이 서 있는 모양으로 소리가 얕으니 천지인 삼재의 도가 이와 같이 갖추었네.

홍[ㅗ]출어천[•]상위합이니 **상취천원합지평**이라.

- 'ㅗ'는 하늘(·)로부터 나와서 입을 오므리니 둥근 하늘과 평평한 땅을 합하여 그 형태를 만들었네.

72P

覃亦出於天為已闢
發於事物就人成
用初生義一其圓
出天為陽在上外
欲穰兼人為再出
二圓為形見其義
君業戌彆出於地
據例自知何須評

담[ㅏ]역출천[ㆍ]위이벽이니 **발어사물취인성**이라.

- 'ㅏ' 또한 하늘(ㆍ)로부터 나왔으되 입이 열려 있으니 사물에 드러나 사람이 이룸이네.

용초생의일기원이요 **출천위양재상외**라.

- 처음 생겨나다는 의미로써 둥근 점이 하나(ㆍ)이며 하늘에서 나와 양이라 위(ㅗ)와 밖(ㅏ)에 놓였네.

72P

覃亦出於天為已闢
發於事物就人成
用初生義一其圓
出天為陽在上外
欲穰兼人為再出
二圓為形見其義
君業戌彆出於地
據例自知何須評

욕[ㅛ]양[ㅑ]겸인[ㅣ]위재출이니 **이원위형경기의**라.

- 'ㅛ'와 'ㅑ'는 사람을 겸하여 거듭나게 됨이니 두개의 둥근 점(ㆍㆍ)으로써 그 의미를 보여준 것이네.

군[ㅜ]업[ㅓ]술[ㅠ]별[ㅕ]출어지이니 **거례자지하수평**하랴.

- 'ㅜ'와 'ㅓ'와 'ㅠ'와 'ㅕ'는 땅에서 나옴이니 예로 미루어 저절로 알 것인데 무엇이 풀어 말하랴?

74P

呑之為字貫八聲
維天之用徧流行
四聲兼人亦有由
人參天地為最靈
且就三聲究至理
自有剛柔與陰陽
中是天用陰陽分
初迺地功剛柔彰

- 74 -

탄[•]지위자관팔성은 **유천지용편류행**이라.

- '·'가 여덟 소리(ㅗ, ㅏ, ㅛ, ㅑ, ㅜ, ㅓ, ㅠ, ㅕ)를 꿰는 글자가 되는 것은 오직 하늘(·)이 두루 흘러 쓰이는 것과 같네.

사성겸인[l]역유유하니 **인[l]참천[•]지[ㅡ]위최영**이라.

- 네 소리(ㅛ, ㅑ, ㅠ, ㅕ)에 사람(ㅣ)을 겸한 이유가 있으니 사람이 천지에 참여함에 있어 가장 신령하기 때문이네.

74P

呑之為字貫八聲
維天之用徧流行
四聲兼人亦有由
人參天地為最靈
且就三聲究至理
自有剛柔與陰陽
中是天用陰陽分
初迺地功剛柔彰

- 74 -

차취삼성구지리하면 **자유강유여음양**이라.

- 또한, 세 개의 소리(첫소리, 가운뎃소리, 끝소리)를 탐구하여 이치를 살펴보면 '강함과 부드러움', '음과 양'을 스스로 가지고 있네.

중시천용음양분이요 **초내지공강유창**이라.

- 가운뎃소리는 하늘(·)이 작용하여 음과 양으로 나뉘고, 첫소리는 땅(ㅡ)의 공로로 강함과 부드러움을 드러내네.

76P

中聲唱之初聲和
天先乎地理自然
和者爲初亦爲終
物生復歸皆於坤
陰變爲陽陽變陰
一動一靜互爲根
初聲復有發生義
爲陽之動主於天

- 76 -

중성창지초성화하니 **천선호지리자연**이라.

- 가운뎃소리가 부르면 첫소리가 화답하니 하늘(·)이 땅(—)에 앞섬은 자연의 이치이네.

화자위초역위종이니 **물생복귀개어곤**이라.

- 화답함이 첫소리도 되고 끝소리도 되는 것이니 만물이 땅에서 나서 땅으로 돌아가는 것이네.

76P

中聲唱之初聲和
天先乎地理自然
和者爲初亦爲終
物生復歸皆於坤
陰變爲陽陽變陰
一動一靜互爲根
初聲復有發生義
爲陽之動主於天

- 76 -

음변위양양변음이니 **일동일정호위근**이라.

- 음이 변하여 양이 되고 양이 변하여 음이 되니 움직임과 고요함(멈춤)이 서로 뿌리가 되네.

초성복유발생의이니 **위양지동주어천**이라.

- 첫소리는 다시 피어나는 의미가 있으니 양의 움직임은 하늘(·)이 주관함 이네.

78P

終聲比地陰之靜
字音於此止定焉
韻成要在中聲用
人能輔相天地宜
陽之爲用通於陰
至而伸則反而歸
初終雖云分兩儀
終用初聲義可知

종성비지음지정이니 **자음어차지정언**이라.

- 끝소리를 땅에 견주면 음의 고요함이니 글자 소리가 여기서 멈춰 정해지네.

운성요재중성용이니 **인능보상천지의**라.

- 운율을 이루는 핵심은 가운뎃소리 작용에 있으니 사람(ㅣ)이 능히 하늘(·)과 땅(ㅡ)의 마땅한 이치를 돕는 것이네.

78P

終聲比地陰之靜
字音於此止定焉
韻成要在中聲用
人能輔相天地宜
陽之爲用通於陰
至而伸則反而歸
初終雖云分兩儀
終用初聲義可知

양지위용통어음이니 **지이신즉반이귀**라.

- 양(첫소리)에 쓰이는 것이 음(끝소리)에도 통하니 (음에) 이르러 소리를 펼치면 (그것은) 다시 (양으로) 돌아오네.

초종수운분양의이나 **종용초성의가지**라.

- 첫소리와 끝소리가 비록 음양으로 나뉜다고 하나 끝소리에 첫소리를 쓰는 뜻을 알 수 없네.

80P

정음지자지입팔이니 **탐색착종궁심기**라.

- 바른소리 글자가 단지 스물여덟 자뿐이로되 뒤섞여 엉클어진 것 (어려운 이치)을 탐구하여 그 궁극의 깊은 기미(낌새)를 찾았네.

지원언근용민이하니 **천수하증지교위**라.

- 뜻은 멀되 말은 가까워 백성이 깨치기 쉬우니 하늘이 내리신 것이지 어찌(사람의) 지혜와 재주로 된 것이겠는가?

제 5강

初聲解(초성해)-80P

정음초성은 **즉운서지자모야**니라.

성음유차이생이니 **고왈모**니라.

- 바른소리의 첫소리는 음운서 사전에서 첫소리에 해당한다. 말소리가 이로부터 나와서 '어머니'라고 한다.

여아음군(군)자초성시ㄱ이니 **ㄱ여운이위군**이니라.

- 예를 들면, 어금닛소리 '군'자의 첫소리는 'ㄱ'이니 'ㄱ'과 '운'이 합하여 '군'이 된다.

82P

쾌[쾌]자초성시ㅋ이니 **ㅋ여ㅙ이위쾌**니라.

- '쾌'자의 첫소리는 'ㅋ'이니 'ㅋ'과 'ㅙ'가 합하여 '쾌'가 된다.

규[뀨]자초성시ㄲ이니 **ㄲ여ㅠ이위뀨**니라.

- '뀨'자의 첫소리는 'ㄲ'이니 'ㄲ'과 'ㅠ'가 합하여 '뀨'가 된다.

규[업]자초성시ㆁ이니 **ㆁ여이위업지류**니라.

- '업'자의 첫소리는 'ㆁ'이니 'ㆁ'과 '입'이 합하여 '업'이 되는 식이다.

82P

설지두[ㄷ]탄[ㅌ]담[ㄸ]나[ㄴ], 순지별[ㅂ]표[ㅍ]보[ㅃ]미[ㅁ] 치지즉[ㅈ]침[ㅊ]자[ㅉ]술[ㅅ], 후지읍[ㆆ]허[ㅎ]홍[ㆅ]욕[ㅁ] 반설반치지려[ㄹ]양[ㅿ], 개방차니라. **결왈**

- 혓소리 'ㄷ, ㅌ, ㄸ, ㄴ'과 입술소리 'ㅂ, ㅍ, ㅃ, ㅁ'과 잇소리 'ㅈ, ㅊ, ㅉ, ㅅ, ㅆ' 과 목구멍소리 'ㆆ, ㅎ, ㆅ, ㅇ'과 반혓소리 'ㄹ' 및 반잇소리 'ㅿ'도 모두 이와 같다. 간추려 말하면,

군[ㄱ]쾌[ㅋ]규[ㄲ]업[ㆁ]기성아요
설성두[ㄷ]탄[ㅌ]급표[ㄸ]나[ㄴ]라.

- 'ㄱ, ㅋ, ㄲ, ㆁ'은 그 소리가 어금닛 소리이며 'ㄷ, ㅌ'과 'ㄸ, ㄴ'은 혓소리네.

84P

별[ㅂ]표[ㅍ]보[ㅃ]미[ㅁ]즉시순이요
치유즉[ㅈ]침[ㅊ]자[ㅉ]술[ㅅ]사[ㅆ]라.
- 'ㅂ, ㅍ, ㅃ, ㅁ'은 입술소리이고 'ㅈ, ㅊ, ㅉ, ㅅ, ㅆ'은 잇소리네.

읍[ㆆ]허[ㅎ]홍[ㆅ]욕[ㅇ]내후성이요
려[ㄹ]위반설양[ㅿ]반치라.
- 'ㆆ, ㅎ, ㆅ, ㅇ'은 곧 목구멍소리이고 'ㄹ'은 반혓소리이며 'ㅿ'은 반잇소리네.

이십삼자시위모이니 **만성생생개자차**라.
- 이 스물세 자가 첫소리가 되니 모든 소리가 여기서 다 생겨나네.

84P – 86P

중성해

중성자는 **거자운지중**하니 **합초종이성음**하니라.
- 가운뎃소리는 글자 소리의 가운데에 놓여 첫소리와 끝소리를 합하여 음절을 이룬다.

86P

音如呑字中聲是·。·居ㅌㄴ之間而爲툰。卽字中聲是ㅡ。ㅡ居ㅈㄱ之間而爲즉。侵字中聲是ㅣ。ㅣ居ㅊㅁ之間而爲침之類。洪覃君業欲穰戌彆。皆倣此。二字合用者。ㅗ與ㅏ同出於·。故合而爲ㅘ。ㅛ與ㅑ又同出於ㅣ。故合而爲ㆇ。ㅜ與ㅓ同出於ㅡ。故合而爲ㅝ。ㅠ與ㅕ又同出於ㅣ。故合而爲ㆊ。ㅠ與

여탄[툰]자중성시 • 니 • 거ㅌㄴ지간이위툰이요
즉[즉]자중성시ㅡ니 ㅡ거ㅈㄱ지간이위즉이니라.

- '툰'자의 가운뎃소리는 '·'이니 '툰' 'ㅌ'과 'ㄴ'사이에 놓여 '탄'이 되고 '즉'자의 가운뎃소리는 'ㅡ'이니 'ㅡ'가 'ㅈ'과 'ㄱ' 사이에 놓여 '즉'이 된다.

86P

音如呑字中聲是·。·居ㅌㄴ之間而爲툰。卽字中聲是ㅡ。ㅡ居ㅈㄱ之間而爲즉。侵字中聲是ㅣ。ㅣ居ㅊㅁ之間而爲침之類。洪覃君業欲穰戌彆。皆倣此。二字合用者。ㅗ與ㅏ同出於·。故合而爲ㅘ。ㅛ與ㅑ又同出於ㅣ。故合而爲ㆇ。ㅜ與ㅓ同出於ㅡ。故合而爲ㅝ。ㅠ與ㅕ又同出於ㅣ。故合而爲ㆊ。ㅠ與

침(침)자중성시ㅣ니 **ㅣ거ㅊㅁ지간이위침지류**니라
홍[ㅗ]담[ㅏ]군[ㅜ]업[ㅓ]욕[ㅛ]양[ㅑ]술[ㅠ]별[ㅕ]도
개방차니라.

- '침'가운뎃소리는 'ㅣ'이니 'ㅣ'가 'ㅊ'과 'ㅁ'사이에 놓여 '침'이 되는 식이다. '홍, 땀, 군, 업, 욕, 샹, 슌, 볃'에서 'ㅗ, ㅏ, ㅜ, ㅓ, ㅛ, ㅑ, ㅠ, ㅕ'도 모두 이와 같다.

86P

이자합용자는 ㅗ여ㅏ동출어•니 고합이위ㅘ니라.
ㅛ여ㅑ 우동출어ㅣ니 **고합이위 ㆇ**니라
ㅜ여ㅓ 동출어ㅡ니 **고합이위 ㅝ**니라.

- 두 글자가 합하여 쓰이는 가운뎃소리는 'ㅗ'와 'ㅏ'는 똑같이 '·'에서 나왔으므로 합하여 'ㅘ'가 된다. 'ㅛ'와 'ㅑ'도 또한 한가지로 'ㅣ'에서 나왔으므로 합하여 'ㆇ'가 된다.
  'ㅜ'와 'ㅓ'는 똑같이 'ㅡ'에서 나왔으므로 합하여 'ㅝ'가 된다.

88P

ㅠ여ㅕ우동어ㅣ니 **고합이위 ㆊ**니라.
이기동출이위류이니 **고상합이불패야**니라.

- 'ㅠ'와 'ㅕ'또한 한 가지로 'ㅣ'에서 나왔으므로 합하여 'ㆊ'가 된다. 그들은 모두 같은 곳에서 나와 같은 무리가 되었으므로 서로 합하여도 어그러짐이 없다.

88P

일자중성지여ㅣ상합자십이니 **ㅓㅢㅚㅐㅟㅔㅙㅒㅞㅖ시야**니라.

- 한 글자로 된 가운뎃소리가 'ㅣ'와 서로 합하는 경우는 열 가지로 'ㅓ, ㅢ, ㅚ, ㅐ, ㅟ, ㅔ, ㅙ, ㅒ, ㅞ, ㅖ' 이다.

이자중성지여ㅣ상합자십이니 **ㅙㅞㅙㅞ시야**니라.

- 두 글자로 된 가운뎃소리가 'ㅣ'와 서로 합하는 경우는 네 가지로 'ㅙ, ㅞ, ㅙ, ㅞ'이다.

88P

ㅣ어심천합벽지성 병능상수자는 **이기설전성천이편어개구야**니라.

- 'ㅣ'가 깊고 얕고 닫히고 열리는 소리에 두루 서로 잘 따를 수 있는 것은 'ㅣ'소리가 혀가 펴지고 얕아서 입을 벌리기에 편하기 때문이다.

역가견인[ㅣ]지참가개물이무소불통야니라. **결왈**

- 역시 사람(ㅣ)이 만물의 뜻을 여는 데 참여하여 통하지 않음이 없음을 볼 수 있다 하겠다. 간추려 말하면

90P

也。
訣曰
毋字之音各有中
須就中聲尋闢闔
洪覃自呑可合用
君業出卽亦可合
欲之與穰戌與彆
各有所從義可推
侵之爲用最居多

모자지음각유중이니 **수취중성심벽합**이라.
- 모든 글자 소리마다 제각기 가운뎃소리가 있으니 모름지기 가운뎃소리에서 열림과 닫힘을 찾아야 하네.

홍[ㅗ]담[ㅏ]자탄[ㆍ]가합용이요
군[ㅜ]업[ㅓ]출즉[ㅡ]역가합이라.
- 'ㅗ'와 'ㅏ'는 'ㆍ'에서 나왔으니 합하여 쓸 수 있고(ㅘ) 'ㅜ'와 'ㅓ'는 'ㅡ'에서 나왔으니 마찬가지로 합할 수 있네(ㅝ).

90P-92P

也。
訣曰
毋字之音各有中
須就中聲尋闢闔
洪覃自呑可合用
君業出卽亦可合
欲之與穰戌與彆
各有所從義可推
侵之爲用最居多
於十四聲徧相隨

욕[ㅛ]지여양[ㅑ]술[ㅠ]여별[ㅕ]이니 **각유소종의가추**니라.
- 'ㅛ'와 'ㅑ', 'ㅠ'와 'ㅕ'는 각각 따르는 바 있으니 미루어 그 뜻을 알 수 있네.

침[ㅣ]지위용최거다하니
- (가운뎃소리에서) 'ㅣ'의 사용이 가장 많아서

어십사성편상수니라.
- 열넷의 소리에 두루 서로 따르네
(ㅓ, ㅢ, ㅚ, ㅐ, ㅟ, ㅔ, ㆉ, ㅒ, ㆌ, ㅖ, ㅙ, ㅞ, ㆇ, ㆊ)

92P

종성해

종성자는 **승초중이성자운**이니라. **여즉[즉]자종성시ㄱ**이니 **ㄱ거즈종이위즉**이니라.

- 끝소리는 첫소리와 가운뎃소리를 이어받아 글자 소리를 이루는 것이다. 가령 '즉'자의 끝소리는 'ㄱ'이니 'ㄱ'은 '즈'의 끝에 놓여 '즉'이 된다.

92P

홍[홍]자종성시ㆁ이요 **ㆁ거ㆅ종이위홍 지류**니라. **설순치후개동**이니라.

- 홍 자의 끝소리는 'ㆁ'이고 'ㆁ'은 'ㆅ'끝에 놓여 홍이 되는 것과 같다. 혓소리, 입술소리, 잇소리, 목구멍 소리도 모두 같다.

성유완급지수이니 **고평상거기종성불류입성지촉급**이니라.

- 소리는 느림과 빠름의 차이가 있으므로 평성, 상성, 거성의 끝소리는 입성의 촉급함(짧고 급함)과는 같지 않다.

92P-94P

불청불탁지자는 **기성불려**이니
- 맑지도 탁하지도 않은 '불청불탁'의 글자는 그 소리가 세지 않으므로

고용어종즉의어평상거니라
- 끝소리로 쓰면 평성, 상성, 거성에 알맞다.

94P

전청자청전탁지자는 **기성위려**이니
고용어종즉의어입이니라.
소이ㆁㄴㅁㅇㄹㅿ육자위평상거성지종이요
이여개위입성지종야니라.
- 모두맑은소리, 다음맑은소리, 모두탁한소리의 글자는 그 소리가 거세므로 끝소리로 쓰면 입성에 알맞다. 그러므로 'ㆁ, ㄴ, ㅁ, ㅇ, ㄹ, ㅿ' 여섯 글자는 평성, 상성, 거성의 끝소리가 되고 나머지는 다 입성의 끝소리가 된다.

94P-96P

연ㄱㆁㄷㄴㅂㅁㅅㄹ팔자가족용야니라.
- 그렇지만 'ㄱ, ㆁ, ㄷ, ㄴ, ㅂ, ㅁ, ㅅ, ㄹ' 여덟 글자로도 충분히 쓸 수 있다.

여빗곶**위리화**요 엿의갗**위호피**이나,
이ㅅ자가이통용이니 **고지용ㅅ자**니라.
차ㅇ성담이허이니 **불필용어종**이요
- 가령 빗곶 의 끝소리는 'ㅈ'이고 엿의갗의 끝소리는 'ㅊ'이지만 'ㅅ'자로 통용할 수 있으므로 오직 'ㅅ'자로 쓰는 것과 같다. 또 'ㅇ'은 소리가 맑고 비었으니 반드시 끝소리에 사용하지 않더라도

이중성가득성음야니라.
- 가운뎃소리만으로 음절을 이룰 수 있다.

96P

ㄷ여볃위별[볃]이요 **ㄴ여군위군[군]**이요
ㅂ여업위업[업]이요
ㅁ여땀위담[땀]이요 **ㅅ여언어옷위의**요
ㄹ여언어실위사지류니라.
- 'ㄷ'은 볃의 끝소리 'ㄷ'이 되고, 'ㄴ'은 군의 끝소리 'ㄴ'이 되고, 'ㅂ'은 업의 끝소리 'ㅂ'이 되고, 'ㅁ'은 땀의 끝소리 'ㅁ'이 되고, 'ㅅ'은 토박이말 '옷'의 끝소리 'ㅅ'이 되며, 'ㄹ'은 토박이말 실의 끝소리 'ㄹ'이 되는 따위와 같다.

96P

오음지완급이 **역각자위대**니라. **여아지ㆁ역위대**이니
이ㆁ촉호즉변위ㄱ이급이요 **ㄱ서출즉변위ㆁ이완**이니라.
설지ㄴㄷ, 순지ㅁㅂ, 치지ㅿㅅ, 후지ㅇㆆ,
기완급상대이니 **역유시야**니라.

- 오음(아설순치후)의 느림과 빠름은 또한 각자 짝을 이룬다. 가령 어금닛소리 'ㆁ'은 'ㄱ'고 짝이 되어 'ㆁ'을 빠르게 소리 내면 'ㄱ'으로 변하여 빨라지고, 'ㄱ'을 천천히 소리 내면 'ㆁ'으로 바뀌어 느려진다. 혓소리 'ㄴ, ㄷ', 입술소리 'ㅁ, ㅂ', 잇소리 'ㅿ, ㅅ', 목구멍소리 'ㅇ, ㆆ'도 그 느림과 빠름으로 서로 짝을 이룸이 또한 이와 같다.

98P

차반설지ㄹ은 **당용어언**이나 **이불가용어문**이니라.

- 또 반혓소리 'ㄹ'은 마땅히 토박이말에는 쓰이지만 한자에는 쓰이지 않는다.

여입성지별[볃]자도 **종성당용ㄷ**이나
이속습독위ㄹ이니 **개ㄷ변이위경야**니라.
약용ㄹ위별[볃]지종이면 **즉기성서완**이니 **불위입야**니라.
결왈

- 가령 입성의 '볃'자도 끝소리는 마땅히 'ㄷ'을 써야 하는데 백성들이 배우고 읽기를 'ㄹ'이라고 하였기에 'ㄷ'이 바뀌어 가벼운 소리로 된 것이다. 만약 'ㄹ'을 '별'자도 끝소리로 쓴다면 그 소리가 느려져 입성이 되지 못한다.

98P

也。且半舌之ㄹ。當用於諺而不可
用於文。如入聲之彆字。終聲當用
ㄷ。而俗習讀爲ㄹ。蓋ㄷ變而爲輕
也。若用ㄹ爲彆之終。則其聲舒緩
不爲入也。訣曰
不清不濁用於終
爲平上去不爲入
全清次清及全濁

불청불탁용어종이면 **위평상거불위입**이라.

- 맑지도 탁하지도 않은 '불청불탁'의 소리를 끝소리에 쓰면 평성, 상성, 거성은 되지만 입성은 되지 않네.

전청차청급전탁은

- 모두맑은소리, 다음맑은소리, 모두탁한소리는

100P

是皆爲入聲促急
初作終聲理固然
只將八字用不窮
唯有欲聲所當處
中聲成音亦可通
若書即字終用君
洪彆亦以業斗終
君業覃終又何如

시개위입성촉급이라.

- 모두 입성이 되어 소리가 매우빠르네.

초작종성리고연이나 **지장팔자용불궁**이라.

- 첫소리가 끝소리로 되는 것은 당연한 이치인데 다만 여덟글자로 사용해도 부족함이 없네.

100P

是皆爲入聲促急
初作終聲理固然
只將八字用不窮
唯有欲聲所當處
中聲成音亦可通
若書即字終用君
洪彆亦以業斗終
君業覃終又何如

- 100 -

유유욕[ㅇ]성소당처라도 **중성성음역가통**이라.
- 오직 'ㅇ'소리를 쓸 자리라도 가운뎃소리로 음을 이루어 또한 통할 수 있네.

약서즉[즉]자종용군[ㄱ]이요
홍[兯]별[볃]역이업[ㆁ]두[ㄷ]이라.
- 만약 '즉'자를 쓰려면 'ㄱ'을 끝소리로 하고 兯과 볃은 'ㆁ'과 'ㄷ'을 끝소리로 하네.

100P-102P

是皆爲入聲促急
初作終聲理固然
只將八字用不窮
唯有欲聲所當處
中聲成音亦可通
若書即字終用君
洪彆亦以業斗終
君業覃終又何如
以那彆彌次第推

- 100 -

군[군]업[업]담[땀]종우하여요
- '군, 업, 땀'의 끝소리는 또한 어떨까?

이나[ㄴ]별[ㅂ]미[ㅁ]차제추라.
- 'ㄴ, ㅂ, ㅁ'으로써 차례를 추측할 수 있네.

102P

以那彆彌次第推
六聲通乎文與諺
戍閭用於諺衣絲
五音緩急各自對
君聲迺是業之促
斗彆聲緩為那彌
穰欲亦對戍與挹
閭宜於諺不宜文

- 102 -

육성통호문여언하되 **술[ㅅ]려[ㄹ]용어언의[옷]사[실]**라.

- 여섯 소리(ㄱ, ㆁ, ㄷ, ㄴ, ㅂ, ㅁ)는 한자나 토박이말에 함께 쓰이되, 'ㅅ'과 'ㄹ'은 토박이말 '옷'과 '실'의 끝소리에만 쓰이네.

오음완급각자대이니 **군[ㄱ]성내시업[ㆁ]지촉**이라.

- 다섯 음의 느리기와 빠르기는 각자 짝을 이루니 'ㄱ' 소리는 'ㆁ'을 빠르게 낸 것이네.

102P-104P

以那彆彌次第推
六聲通乎文與諺
戍閭用於諺衣絲
五音緩急各自對
君聲迺是業之促
斗彆聲緩為那彌
穰欲亦對戍與挹
閭宜於諺不宜文
斗輕為閭是俗習

- 102 -

두[ㄷ]별[ㅂ]성완위나[ㄴ]미[ㅁ]하고
양[ㅿ]욕[ㅇ]역대술[ㅅ]여읍[ㆆ]이라.

- 'ㄷ, ㅂ' 소리가 느려지면 'ㄴ, ㅁ'이 되고 'ㅿ, ㅇ' 또한 'ㅅ'과 'ㆆ'의 짝이 되네.

려[ㄹ]의어언불의문이니

- 'ㄹ'은 토박이말의 끝소리로 쓰기에는 마땅하나 한자에는 알맞지 않으니

두[ㄷ]경위려[ㄹ]시속습이라.

- 'ㄷ' 소리가 가벼워져 'ㄹ'이 된 것은 일반의 관습이네.

특강

범어란?

어학사전

인도 유럽 어족중 인도 이란 어파에 속하는 고대 인도 아리안 언어.

김 허균

배달국 고대언어, 특히 전통 우리말을 모태로 하는
인도 유럽의 고대 인도 아리안언어.

범어(산스크리트)

원어명 산스크리트로, 같이 두어진 말. 즉 "잘 정돈된 말", "세련된 말" 이라는 뜻.

실담 범자와 훈민정음 한자의 연관성

陰(음)	陽(양)
chāyā	ātapah
차야 → 찰 음	아따바 → 따뜻해 → 더울 양

* 경상도 사투리

陰(음) 地(一)	陽(양) 天(•)
prthibi	varga
프르티비 → 푸르다 → 따 지	바르가 → 밝아 → 하늘 천

실담 범자와 훈민정음 한자의 연관성

陰(음) 月(☾)	陽(양) 日(☉)
candra 달月 달	surya 해日 날일 ☉
찬드라 → 찬달아 → 달 월	수리야 → 수릿날 → 해 일

* 충청, 전라도 사투리

陰(음) 暗	陽(양) 明
addhakarah 어두울 暗	ālokah 밝을 明
아득해라 → 어둡다 → 어두울 암	알록카 → 알록달록해라 → 밝을 명

* 서울 사투리

산스트크리어 영어 딕셔너리(인도유러피언 문자)

호남, 충청 사투리	경상도 사투리
[dhuksi] cause to be kindled [디가리] daihika-ghol the faculty of mind bhu^-dha^m-ta devote oneself to, arise to be engaged in, occupied with	ma^sim harvester, worker me-nri household leader manager Musi-va fearful, scared, afraid of

* 사투리 : 크샤트리아 왕족의 언어

산스트크리어 영어 딕셔너리(인도유러피언 문자)

뚱이(東夷)	짱꼴라(漢族)
천문학자, 지식인 문자와 발음이 정확한 사람 * 초성부용 종성 원리 적용 (초성, 중성, 종성 발음 확실함)	발음을 잘못하는 화하족을 일컬음. 받침을 잘못함 예) 이-일, 치-칠, 파-팔 (초성, 중성, 종성 명확하지 않음)

* 영국옥스포드대에서 1800년대에 백년에 걸쳐 제작한 실담어 영어사전.

불교 경전에 쓰였던 문자의 비교

구분	종류	글자꼴	비고
1	**大日經字輪品云** 대일경자륜품운	阿a 阿引ā 暗aṃ 惡aḥ 義釋加𢀖ah噁長聲字 迦ka 佉kha 哦ga 伽gha 遮ca	合五十字也
2	**金剛頂經字母品云** 금강정경자모품운	阿上a 阿引去ā 伊上i 伊引去ī 塢u 汚引ū 哩r 哩引去ṝ 唱l 嚧ḹ	合五十字也
3	**文殊問經字母品云** 문수문경자모품운	阿上a 阿引去ā 伊上i 伊引去ī 塢上u 汚引去ū 唱r 唱引去ṝ 力l 嚧ḹ	合五十字也
4	**大涅槃經文字品云** 대열반경문자품운	噁a 阿ā 億i 伊ī 郁u 優ū 哩e 野ai 烏o 炮au	合五十字也

불교 경전에 쓰였던 문자의 비교

구분	종류	글자꼴	비고
5	大莊嚴經示書品云 대장엄경시서품운	阿a, 長阿ā, 伊i, 伊引ī, 烏上聲u, 烏ū, 翳e, 愛ai, 烏o, 懊au	合四十六字也
6	空海悉曇釋義云 공해실담석의운	阿上聲呼a, 阿去聲長呼ā, 伊上聲i, 伊去聲長引ī, 塢上聲u, 汚長聲ū, 哩彈舌呼r, 哩彈舌去聲引呼ṝ	合五十字也
7	brahmi문자	a, a, i, ī, u, ū, e, ai, o, k,	실담 이전 문자
8	gupta문자	a, ā, i, u, r, e, o, au,	合四十一字也

불교 경전에 쓰였던 문자의 비교

구분	종류	글자꼴	비고
9	Deva-nagari (天城體)	अ a, आ ā, इ i, ई ī, उ u, ऊ ū, ए e, ऐ ai, ओ o, औ au,	Sanskrit 문자
10	티베트문자	ཀ ka, ཁ kha, ག ga, ང nga, ཅ ca, ཆ cha, ཇ ja, ཉ nya,	合三十字也
11	蘭札文 란찰문	a, ā, i, ī, u, ū, e, ai, o, au,	천축자모
12	파스파 문자 (Phags-Pa)	ka, kha, ga, nga, ca, cha, ja, nya, ta, tha,	승려 파스파가 만든 문자

불교 경전에 쓰였던 문자의 비교

구분	종류	글자꼴	비고
13	**天竺字源** 천축자원	a, ā, i, ī, u, ū, ṛ, ṝ, ḷ, ḹ	천축자원 십육성자 삽십사자모
14	**색영포자모**	a, i, u, r, l, e, ai, o, au,	1686년 zanavazar가 만든 글자

결론

실담범자, 훈민정음, 한자는 우리말의 한뿌리에서 생긴 문자로 세계문자의 모든 바탕은 우리말 즉, 훈민정음과 동국정운 그리고 만 이천년 전부터 쓰인 우리말이 기준이 되었다. 우리말은 세계 문자의 모태이다.

* 실담어와 우리말 강의에서 자세하게 다루겠음.

훈민정음과 미얀마어

1. 세계 모든 언어순서 체계는 두가지로 분류된다.

① **주어 + 목적어 + 서술어** 예) 나는 학교에 간다	② **주어 + 서술어 + 목적어** 예) 나는 간다 학교에

- 문자체계는
  - 표의문자 : 뜻글자
  - 표음문자 : 소리글자
    - 음소문자
      - 자모의 구별이 가능
      - 옆으로 풀어씀(영어)
    - 음절문자
      - 글자하나가 소리하나
      - 자모의 구별 불가능 (히라가나, 일본)

※ **음절 : 한번에 낼 수 있는 말의 마디** 예) 강 : 한음절, 나무 : 두음절(나+무)

※ **훈민정음 : 음소문자이며 음절 문자이기도 하다** 예) 강 : ㄱ+ㅏ+ㅇ (gang)

훈민정음과 미얀마어

어순 : 주어 + 목적어 + 서술어 (한국과 같은 체계)		
미얀마어	나는 사과를 먹는다 (주어 + 목적어 + 서술어)	옛 미얀마(버마)어는 한국과 같은 체계를 갖고 있었다.
동남아어 영어, 중국어	나는 먹는다 사과를 (주어 + 서술어 + 목적어)	현재 동남아 체계

※ 미얀마어가

1. 동남아어와 다른 체계를 갖었던 이유는 지리적으로 언어와 문자가 인도 쪽에 가까운 원인. 즉, 티벳, 인도, 유럽어에 영향을 받은 언어와 문자가 미얀마어로 추정된다.
2. 종교의 경전과 문자 체계의 상관성 : 티벳 불교 경전 영향

훈민정음과 미얀마어

훈민정음 : 실담어 문자체계와 유사성을 갖고 있음.

미얀마(버마)문자 : 악카야 အက္ခရာ

<언어>

중국 티베트 어록, 티베트, 버마어군, 버마어(현 미얀마어)

<문자>

미얀마 문자 — 인도 문자에서 유래 (인도 유럽피언 문자, 실담어 문자, 데바나가리어 문자)

인도 문자
1. 꼬다어 문자(kota)
2. 가다바어 문자(Gadaba)
3. 빨라와어 문자(pallava)

모방 악카야 탄생

훈민정음과 미얀마어

역사적 문헌에서 버마족의 등장시기(11세기 악카야)	
빨리어(팔리어 : pali) 뿌어 (퓨어 : pyu) 문어 (몬어 : Mon)	뿌와 문 문자는 가다바문자에서 유래되는 4세기에서 6세기에 사용. 뿌어는 12세기에 완전히 사라짐

*** 악카야 등장 : 12세기에 발전한 종목**
- ▶ 시　대 : 바간왕조 (Bagan Dynasty)
- ▶ 어디서 : 야자꾸마 비문(서기 1113)
- ▶ 장　소 : 바간, 밍가바마을, 마제디 사원
- ▶ 가　치 : 2015 세계 문화유산 등록

→ 4면에 빨리, 뿌, 문, 버마어로 새겨져 있음.
야자꾸마(Rajakuma Stone)비문 서기 1113년(12세기)
일부학자 : 뿌문자처럼 4세기에서 6세기에 만들어 졌다고 추정.

훈민정음과 미얀마어

- 꼬다어 문자 (AD 4~5세기)
- 가다바어 문자 (AD 5세기~) → 뿌족문자 (AD 5세기~), 몬족문자 (AD 5세기~) → 버마/미얀마 문자 (악카야 AD 11세기 초)
- 빨라와어 문자 (AD 5세기~)

* 훈민정음 1446년 15세기 : 창제시기, 인물등이 알려져 있음 (세계 유일)
* 악카야 1113년 12세기 : 누가 어떻게 만들었나 모름 (창제는 10세기 전후)

훈민정음과 미얀마어

문자의 전파

인도의 데바나가리 문자 ➡	• 태국어문자 • 캄보디아 크메르 문자 • 미얀마 버마문자 • 스리랑카 싱할리 문자	**비슷한 체계로 구성됨**

문자의 비교 (훈민정음과 미얀마어)

훈민정음	ㄱㅋㆁㄷㅌㄴ ㅂㅍㅁㅈㅊㅅ ㆆㅎㅇㄹㅿ	미얀마어	ㄲ ㅋ ㄱ ㄱ 응아 က ခ ဂ ဃ င ㄸ ㅌ ㄷ ㄷ ㄴ တ ထ ဒ ဓ န

* 체계속에 음소의 수는 다르지만 원리와 조직은 같음
(훈민정음 가획의 원리, 소리의 세기에 따른 획의 첨자)

훈민정음과 미얀마어

힌디어에서는 ㄱ가 평음과 유기음으로 두개로 나뉘지만 미얀마어는 문자체계에서 힌디어처럼 ㄲ, ㅋ, ㄱ, ㄱ 로 4개를 가지고 있지만 모두 ㄱ의 소리의 차이가 없고 한국어와 똑같이 ㄱ, ㄲ, ㅋ의 소리 ㆁ 응아 소리가 존재한다.

예) ㄱ, ㄲ, ㄱ, ㄱ, ㆁ(응아)
(c)

현 미얀마 문자는 자음을 발음할때
까, 카, 가, 가, 응아
따, 타, 다, 다, 나 로 발음 하므로 훈민정음과 일치한다.

훈민정음과 미얀마어

※ 미얀마 최초의 문자는 네모꼴로 만들어짐
(야자수 잎을 종이로 변형시켜 만들다 보니 동그란 모양으로 바뀌게 됨)

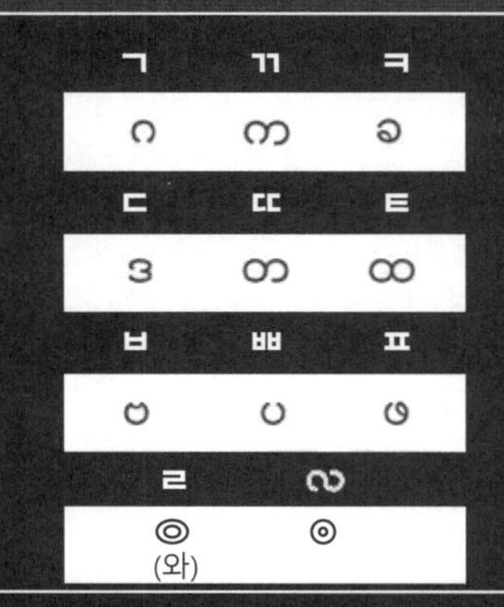

그	끄	크
드	뜨	트
브	쁘	프

미얀마어 <모음>

폐에서 올라오는 공기가 구강내에서 막힘이나 좁힘등의 장애 없이 완전히 자유롭게 빠져 나오는 소리

모음	단모음 : 발음시 입 모양이 바뀌지 않는 ㅏ, ㅣ, ㅜ 등
	이중모음 : 발음시 입 모양이 바뀌는 ㅟ, ㅚ, ㅝ 등
훈민정음	ㅗ ㅏ ㅜ ㅓ ㅛ ㅑ ㅠ ㅕ · ㅡ ㅣ
미얀마어	ㅏ ㅣ ㅜ A ㅔ ㅓ ㅗ (미얀마순)
단모음	ㅗ ㅏ ㅜ ㅓ ㅡ ㅣ ㅔ / ㅐ အို အာ အူ ဪ ဧ အီ အယ် အယ်

└→ 한국어와 다른모음. A(에이)

미얀마어 <모음>

미얀마어 성조가 있다 (1성, 2성, 3성)

↑아 $\vec{아}$ ↑아 :

거성 (짧게 그치는 소리)   평성   상성 (높인 소리)

단모음 총 21	*훈민정음 아래 오른쪽에 붙여 쓴다. *미얀마어 4방향에 붙여 쓴다.

	ㅏ	ㅣ	ㅜ	ㅡ(A)	ㅔ	ㅓ	ㅗ
1성	အ	အိ	အု	အေ့	အဲ့	အော့	အို့
2성	အာ	အီ	အူ	အေ	အယ်	အော်	အို
3성	အား	အီး	အူး	အေး	အဲ	အော	အိုး

미얀마어 <음절>

한꺼번에 소리 낼 수 있게 묶여있는 자음과 모음의 결합체

예) 나무 → ㄴ ㅏ ㅁ ㅜ (4가지) 나 (한음절) (자음+모음) 무 (한음절) (자음+모음) (2음절)

일반적인 음절구조 : 자음 (초성) + 모음 (중성) + 자음 (종성)

미얀마 악카야 문자로 음소 문자 이면서 음절 단위로 묶어쓰는 문자 형태

(훈민정음 = 악카야) → 아기부다 문자

- 음절 문자와 음소 문자의 특성을 모두 지니는 표기 체계
- 모음 자음을 묶어서 쓰는 예

구ဥ → 꾸ဦ → 쿠[illegible]

고ဩ → 꼬ဪ → 코[illegible]

결론

한국어와 미얀마어 즉 훈민정음과 악카야의 뿌리가 실담어
(인도 유럽피언)에 있다고 할 수 있다.
범어의 뿌리는 우리말이며 인도 유럽피언어가
결국 로마, 그리스어, 프랑스, 독일어, 영어의 모태가 되므로
우리말이 세계 언어의 모태이며 종주국이라 할 수 있다.

눈이 있어도 볼 수가 없었다.
귀가 있어도 들을 수 없었다.
진실의 목소리 메아리 친다.
조선의 동포여 깨어 일어나
밝혀라, 밝히자 우리의 역사를
만년세세 우리는 빛으로 이어진 나라
배달의 겨레를 가꿔 나가자.
역사의 큰물이 흐르는 것처럼
우리는 그 여정에 실리어 간다.

세종이도의눈물 저자 김 허균

상고사를 문자로 풀어내는 소학자

특강-상고사 문자로 풀어 헤친다

1. 역사를 보는 관점

- 역사를 보는 관점 " 사실의 학문" 현재는 랑케의 실증주의가 우세하다.
- 그러나 역사는 "해석의 학문 " 일지도 고민해 봐야 한다.
- 어느 기록이 "옳으냐", "옳지 않느냐 " 를 연구하면서 간과하면 않될 관점은 사료에 기록된 내용과 야사 등 구전내용을 다루는데 있어서 무엇이 진리냐, 진리가 아니냐를 따지는 것이 아니라 누구의 가설이 더 설득력 있는가, 합리적인가를 따지는 것이 "역사를 바로 하는 학문"이 아닐까 생각합니다.

2. 우리 상고사를 보는 관점

구분	사마천의 "史記"	안함로, 원동중의 삼성기 이암의 단군세기 범장의 북부여기 이백의 태백일사	박제상의 부도지	김허균의 문자로 나타난 상고사
시기	공백	공백 B.C 7197, 환국, 9환족 12환국, 천산	B.C 7만년 천산 파미르고원 마고성 B.C 5만년 부상국 서해, 발해	공백(연구과제) ~B.C 1만 2000년 동양, 유럽의 공통의 역사 (세계 문화 역사)
	B.C 3897 반고, 삼위산 B.C ~2357 삼황오제 B.C ~1766 당요, 우순, 하나라	B.C 3897 ~ 2333 배달국(신시) 백두산 B.C ~425 조선, 송화강 아사달, 백악산 아사달 B.C ~239 대부여 장경단 아사달	B.C 3897 ~ 2333 배달국(신시) B.C ~425 조선 송화강, 백악산 B.C ~239 대부여 장경단	B.C 3897 ~ 2333 배달국 신시(백두산) -우리의역사시작- B.C ~425 조선 송화강 아사달, 백악산 아사달

2. 우리 상고사를 보는 관점

구분	사마천의 "史記"	안함로, 원동중의 삼성기 이암의 단군세기 범장의 북부여기 이백의 태백일사	박제상의 부도지	김허균의 문자로 나타난 상고사
	B.C ~1122 상(은)나라 B.C ~256 주나라 B.C ~770 춘추시대 B.C 484~221 전국시대 B.C ~ 206 진나라(시황제)	신농씨, 조선의 역사 (김허균의 문자로 나타난 상고사)		B.C ~239 대부여 장경단 아사달 B.C 239~ AD 494 북부여, 동부여, 연니부부여

김허균이 문자로 풀어내는 조선의 역사

김허균이 문자로 풀어내는 조선의 역사	문자로 풀어내는 조선과 단군세기로 풀어내는 조선의 역사
<중원조선> 1. 神農氏(신농씨) : 上元甲子年 B.C 2517 아사달(曲阜) 2. 黃帝代政(황제대정) : 帝少皞氏(제소호씨) 3. 帝顓頊 高羊氏 (제전욱 고양씨) : 濮陽(복양), 商丘(상구) 4. 帝嚳高辛氏(제곡고신씨) : 古辛邑(고신읍) 鄄(견) 5. 帝摯(제지) : 古辛邑(고신읍) 鄄(견)	✓ 동방삼국(東方三國)은 한뿌리 이다. ✓ 韓, 中, 日은 모두 배달국과 고조선의 자손이며 태호복희 이후 炎黃은 특히 중원조선과 단군조선의 공통 조상으로 보는 견해이다. ✓ 오제시대는 신화가 아닌 중원 조선의 역사시대 였다. ✓ 朝鮮(조선)이란 글자가 어떻게 해서 역사에 등장하였는가. 文字學으로 검증하자. ✓ 朝鮮(조선)이란 文字가 생겨나고 무려 2천여년 시간이 경과한 뒤에 생긴 文字를 漢字(한자)라 하는 것은 어불성설이다. 한자는 韓字(한자)로 고쳐써야 한다. ✓ 3국은(한, 중, 일) 단지 살고 있는 국경을 따로 만들고 나라를 달리하여 수천년간 시간이 흘러 언어와 문자가 조금 달라졌을 뿐이다.

김허균이 문자로 풀어내는 조선의 역사

중원조선	문자로 풀어내는 조선과 단군세기로 풀어내는 조선의 역사
6. 帝堯(제요) : 陶唐氏(도당씨), 平陽(평양), 河北(하북), 臨漳(임장) 7. 帝舜(제순) 有虞氏(유우씨) 河南商丘(하남상구) 8. 帝禹阜夷氏(제우부이씨), 復辟朝鮮(복벽조선), 河南安陽(하남안양) 9. 帝益(제익), 冊封氏(책봉씨), 曲阜(곡부) 10. 甲辰年 夏啓(갑진년 하계)의 구데타 B.C 2297 夏朝 시작	✓ 최초의 文字 "ㅣ"은 최초의 사람에 대한 부호로써 한분밖에 안계시는 사람 즉, 시조에 대한 표현이다. ✓ "ㅣ" 은, 任(임)은 "하나"라는 뜻과 "사람"이란 뜻이 겹친 글자이며 "人"은 고조선 文字에서 "맡을任(임)"으로 읽는다. ✓ "ㅣ" →神農(신농)을 의미한다. 즉 하나님, 하나의 조상님이다. ✓ 列山氏之子日柱(열산씨지자왈주), 爲稷(위직) 自夏以上祀之(자하이상사지) ✓ "열산씨의 아들 '주'를 직으로 하고 하나라 이상에서는 제사 지냈다"(출처-左氏春秋)

김허균이 문자로 풀어내는 조선의 역사

중원조선	문자로 풀어내는 조선과 단군세기로 풀어내는 조선의 역사
	✓ 곧 여기서 말하는 烈山 또는 列山은 지금의 중국 湖北省(호북성) 隨州(수주)시 북쪽 40리에 厲山(려산)이며, 춘추시대에 賴國(뇌국)이 있었던 곳으로 神農氏(신농씨)가 태어나신 고장이다. ✓ 三戈兵銘(삼과병명)은 인류 고대사에 남아 역사, 문화, 창조기에 활약한 神農氏(신농씨)의 자손들에 대한 족보이다. 이를 통해 문자로 고조선의 역사를 증명한다.

태초의 모음자

· ㅡ ㅣ　　　　● ■ ▲

천지인(3자)　　　　삼재(三才)

ㅗ ㅏ ㅜ ㅓ　　　　ㅛ ㅑ ㅠ ㅕ

(초출자)　　　　(재출자)

· ㅡ ㅣ ㅗ ㅏ ㅜ ㅓ ㅛ ㅑ ㅠ ㅕ

음양오행 조화로 3자를 11자로

모음은 태호복희의 하도에서,음양오행의 원리로 기원하였다.

天地之道, 一陰陽五行而已(천지지도 일음양오행이이)

정인지 제자해 첫머리

태초의 모음자

단군세기에 기록되어 있는 3세 가륵 단군 때
삼랑 을보륵이 만들었다는
가림토문을 보면 훈민정음 중성의 11자가 다 들어있다.

태초의 모음자

단군세기에 기록되어 있는 3세 가륵 단군 때
삼랑 을보륵이 만들었다는
가림토문을 보면 훈민정음 중성의 11자가 다 들어있다.

고려 공민왕 행촌 이암선생
단군세기기록 28자를 쓰고 있었다.(1363년)

오성취루의 기록

무진 50년 (기원전 1773년) 13세
흘달 단군시절 천문기록에 오성취루 기록

오성취루의 기록

화성

수성

토성

목성

금성

BC1734. 7. 12. 오성취루

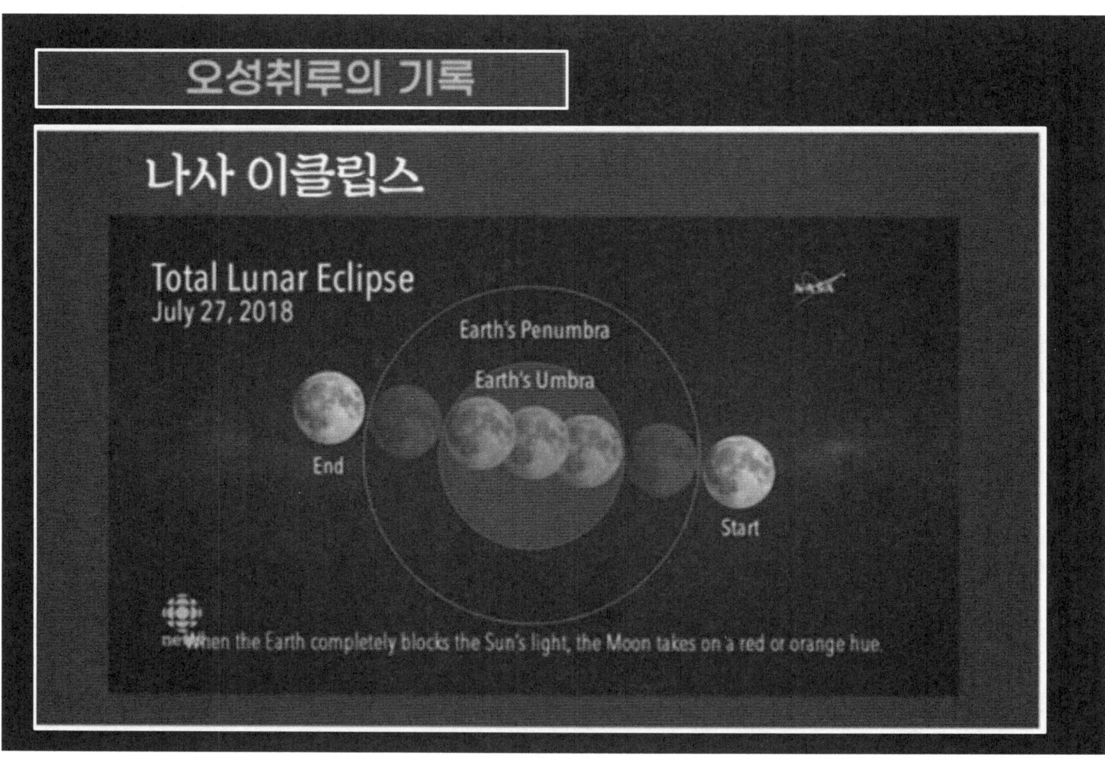

오성취루의 기록
구글 천체프로그램-스텔라리움(Stellarium)
Stellarium Plus Mobile App
"Gold standard for functional field astronomy." - Hunter B.
Learn More
Stellarium Web
Search
OBSERVE
Moon
Mercury
Venus
C/2020 F8 (SWAN)
Vega
http://iceoff.tistory.com

태초의 모음자
ㄱ (기윽)
ㄴ (니은)
ㅁ (미음)
ㅅ (시읏)
ㅇ (이응)
(곡자)
(곡자)
(땅)
(콤파스)
(원주율)
음운원리로 가획하여 오자를 십칠자로
ㄱㅋㆁㄷㅌㄴㄹㅂㅍㅁㅈㅊㅅㅿㆆㅎㅇ

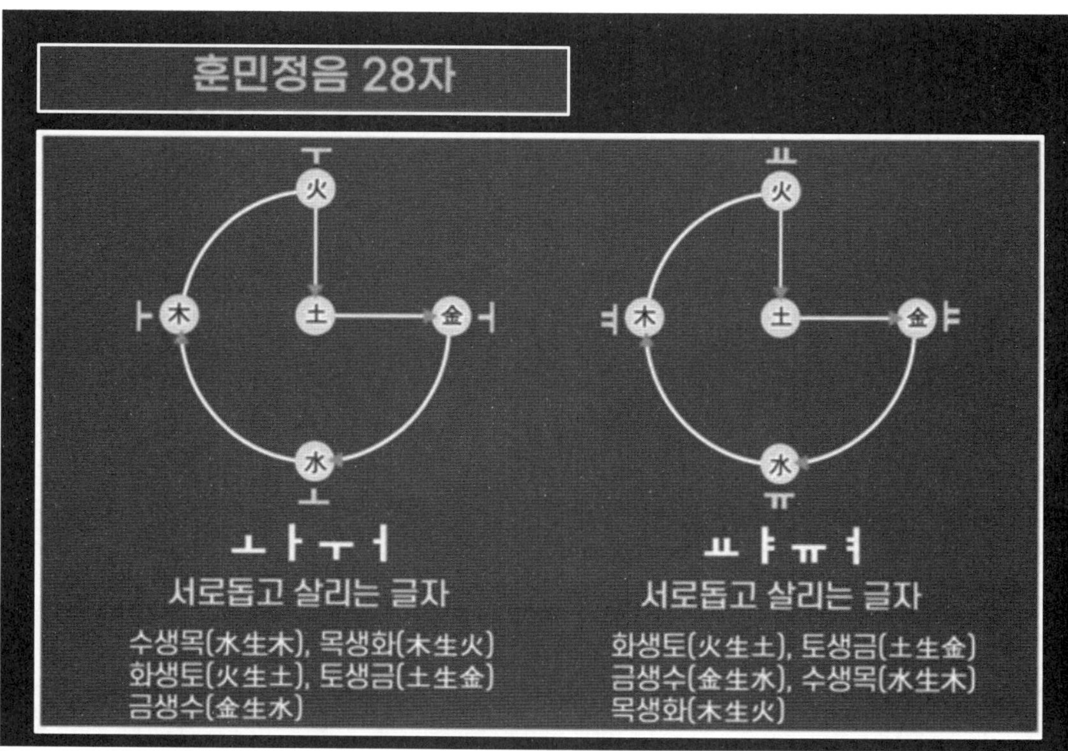
훈민정음 28자
ㅜ 火
ㅏ 木
土
金 ㅓ
水 ㅗ
ㅗ ㅏ ㅜ ㅓ
서로돕고 살리는 글자
수생목(水生木), 목생화(木生火)
화생토(火生土), 토생금(土生金)
금생수(金生水)
ㅛ 火
ㅕ 木
土
金 ㅑ
水 ㅠ
ㅛ ㅑ ㅠ ㅕ
서로돕고 살리는 글자
화생토(火生土), 토생금(土生金)
금생수(金生水), 수생목(水生木)
목생화(木生火)

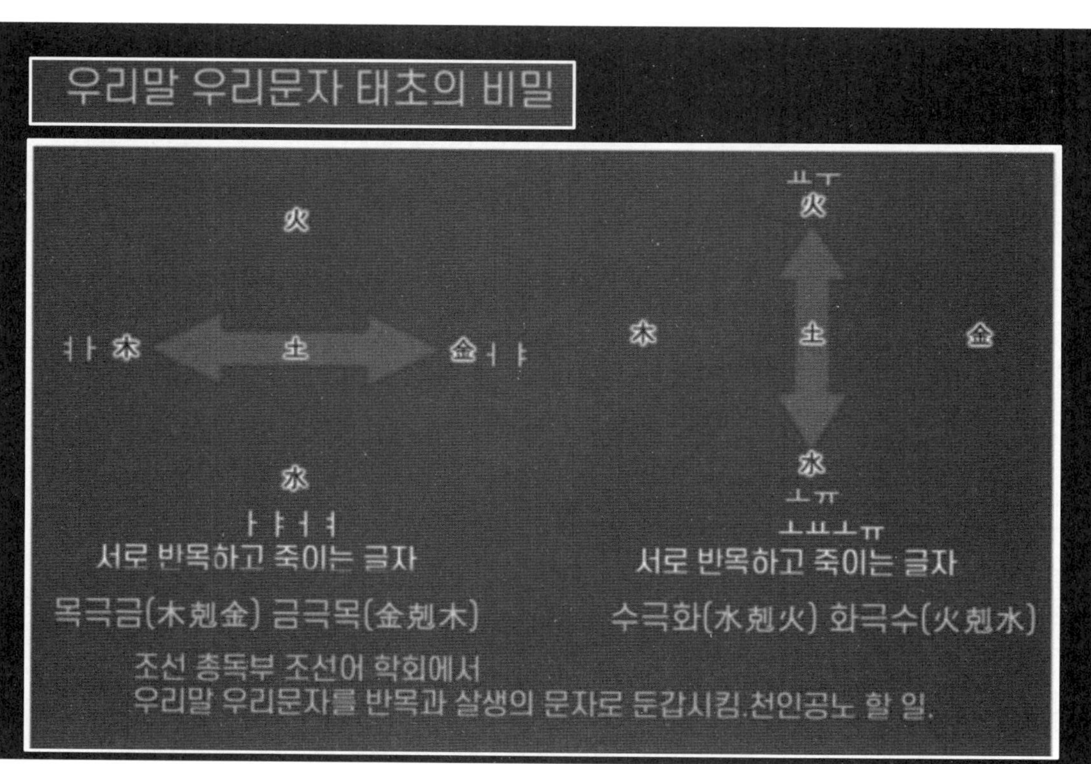
우리말 우리문자 태초의 비밀
火
ㅕㅏ 木
土
金 ㅓㅑ
水
ㅏㅑㅓㅕ
서로 반목하고 죽이는 글자
목극금(木剋金) 금극목(金剋木)
ㅛㅜ
火
木
土
金
水
ㅗㅠ
ㅗㅛㅗㅠ
서로 반목하고 죽이는 글자
수극화(水剋火) 화극수(火剋水)
조선 총독부 조선어 학회에서
우리말 우리문자를 반목과 살생의 문자로 둔갑시킴.천인공노 할 일.

결론(세종대왕 만세)

일제 조선총독부 산하 조선어 학회에서 망가뜨린
훈민정음 바로 살려 말하고 쓸때
남북으로 갈라지고 동서로 분쟁하는
세종 이후의 역사를 바로 세울 수 있다.

분명 일제는 한글로 조선의 말과 글을 서로 살리는
상생에서 서로 죽이는 상극으로 조선을 망하게 하였다.

이제 훈민정음 28자를 살려 말하고 문자로 하여
세종대황 이도의 눈물을 닦아 드리겠습니다. -저자 김허균

후기

연변대학 오봉엽 선생과 북한의 홍기문,
연변대학의 리득춘,
대한민국의 김허균의 학문적 성과를
도둑질하고 묵살한
조선의 우매한 학자 방종현,리정호,
학자적 양심을 버리고 제 공으로 둔갑시킨
윤덕중,반재원 이들이 곧 엎드려 사죄하고 반성하면
용서하고 함께 하리라.
훈민정음 만세 만세 만만세.

梵語 · 訓民正音 우리말

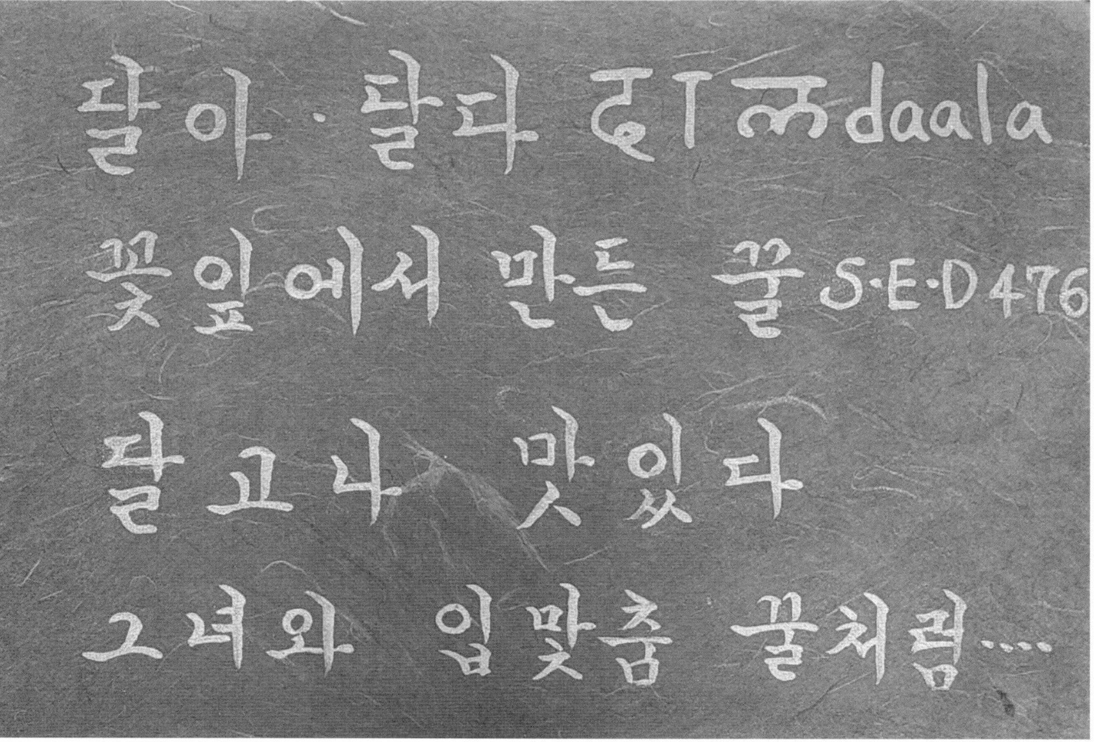
달아 · 달다 daala
꽃잎에서 만든 꿀 S·E·D 476
달고나 맛있다
그녀와 입맞춤 꿀처럼....

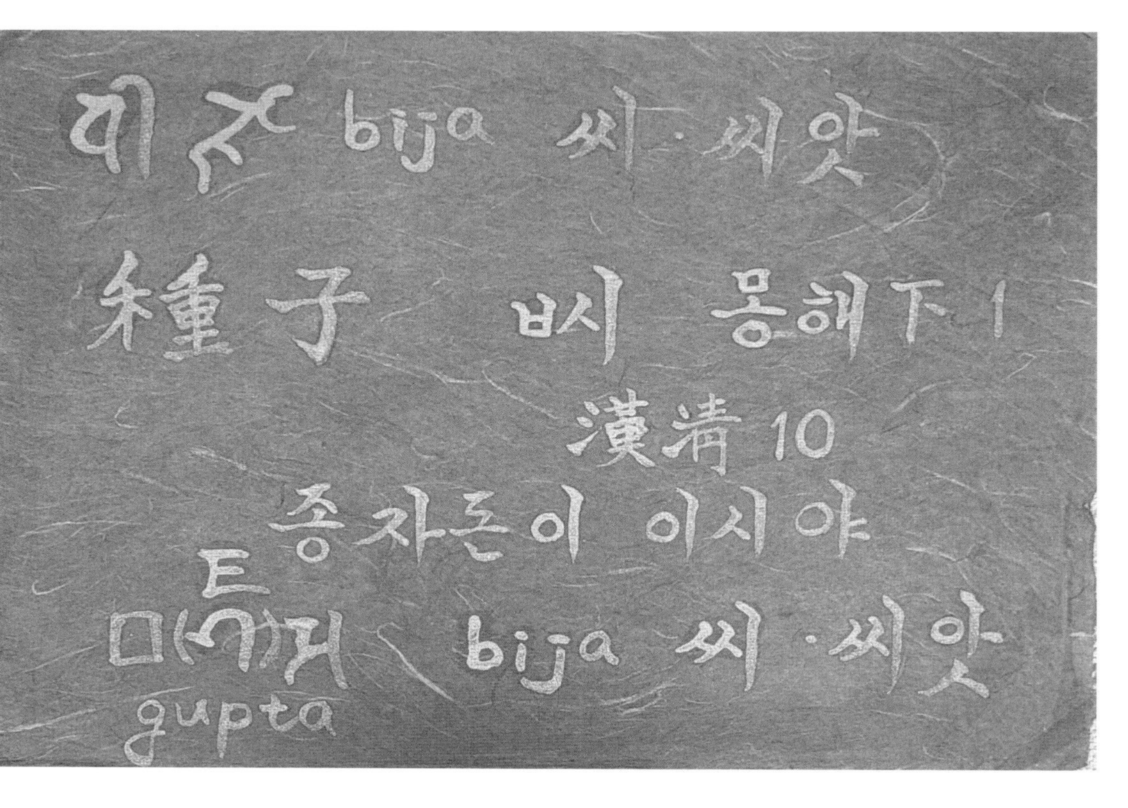
bija 씨 · 씨앗
種子 씨 몽해下 1
漢淸 10
종자돈이 이시야
bija 씨 · 씨앗
gupta

단 दान dan S·E·D 468
daan 475

壇 단 단정하게 하다

단디하다 경상도

~을 똑바로제 하다

पुत्र putra 붓뜨라

子 東國 上5 종

梵千 270

梵唐 245

붓뜯 아버지 ~

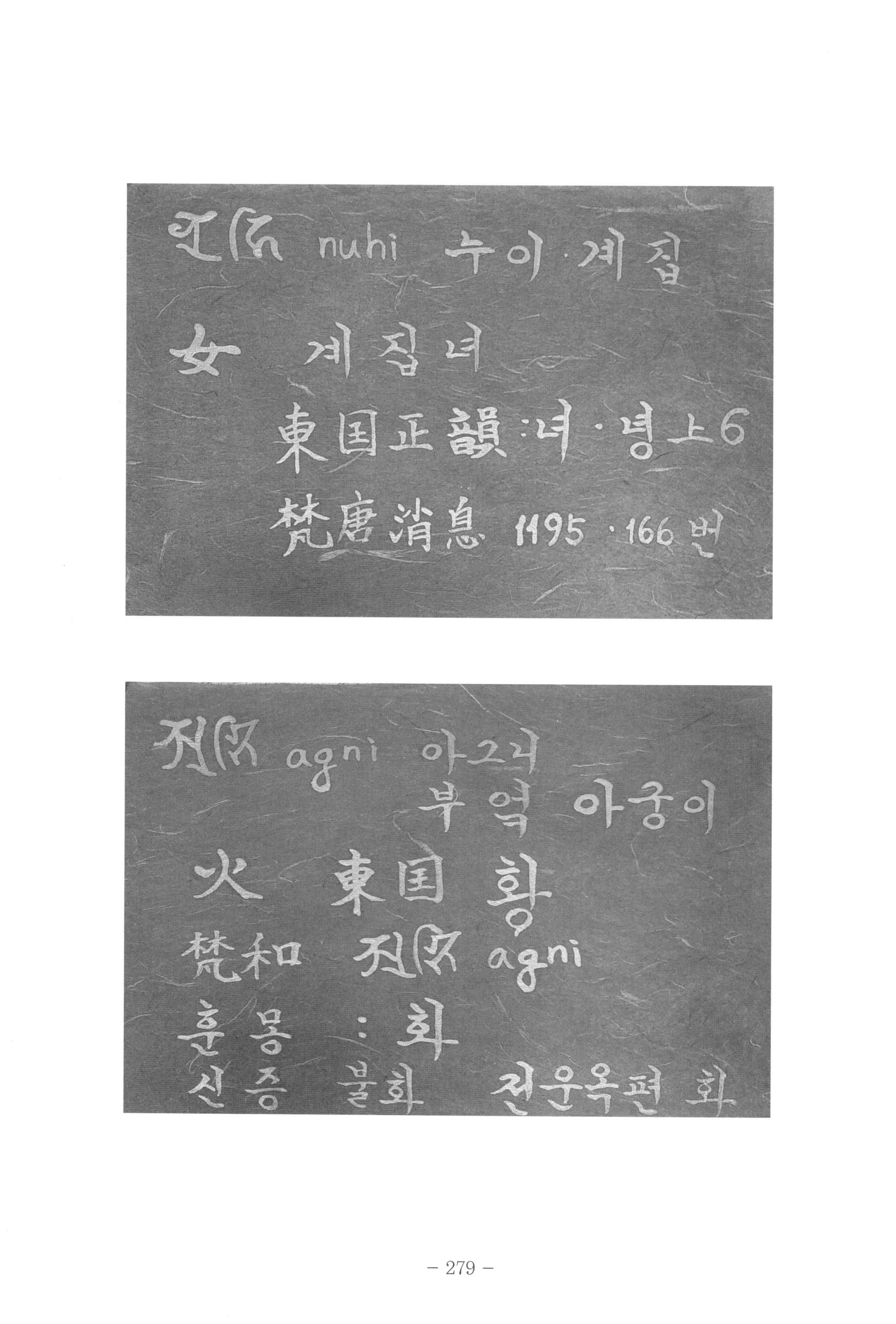

nuhi 누이·계집

女 계집녀

東国正韻 :녀·녕 上6

梵唐消息 1195·166번

agni 아그니

부역 아궁이

火 東国 황

梵和 agni

훈몽 : 화

신증 불화 전운옥편 화

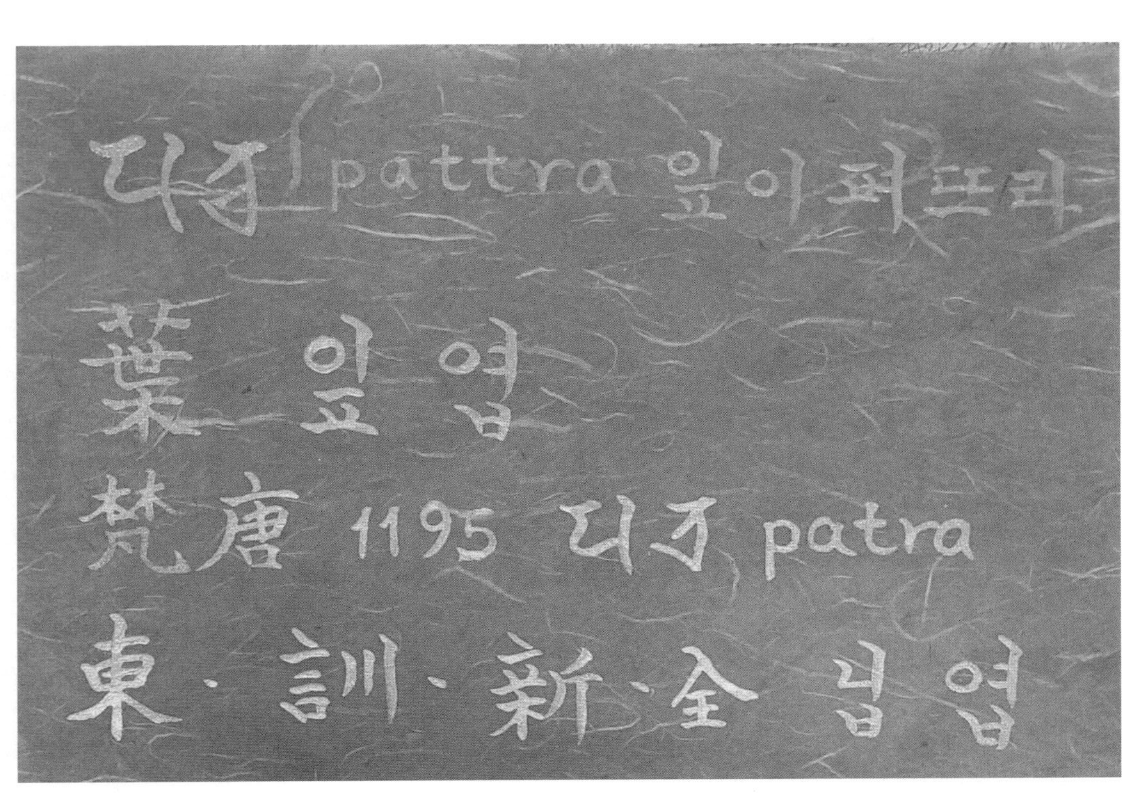

土 흙 토 돌을 깨뜨려 비수면 흙이 된다

pāsuttika

東国 흥 上6.12

훈몽 上4 신증 上6

mantrī
臣 신하 신
범당문자 373
Ksatīya 사투리
帝 임금·하느님 제

石 돌셕 돌로바스다

पाषाण paṣāna 바사나

파사나

東国 ·쎡 入셩 2.12

梵手 दक्षिण daksina 221

뱐사 버리다 쳔릐ᄅ

3 उत्तर uttara 윗뜸에

北 북녘북 上 윗상

梵手 28번

웃머리 월인석보 10:44

웃마리 金三 3:53

금강경 삼가해

벗 (친구) bud 동료
buddy 동지

가시 (각시) gash 여자

가스나 : 경상도 사투리

석보 6:14 월인上18

मूर्धन् mūrdhan S·E·D 826

巫堂 · 祭司長

무당과 의원을 信티 아니ᄒᆞ샤

[illegible] 宣賜內訓 2上 58

굽타文字 훈몽자회 3

유합 上17

골(골짜기) Col
봉우리 사이
곩 계곡 곡
고래 · 방고래(구들)
救荒 6:76 건축용어

헛.간 hut · Cot 오두막
곳간 임시가옥 · 보관소
숫 Soot 검댕
그으름 culm 탄가루

धनु dhanu 光明 밝다

檀君 다누라자 산스 509쪽

Sakya-muni 석가족

단군의 후예

raja 라자 王

연등 호명보살 환 배달 됴선

मिल mil 밀

密 밀접할 밇 동국정운 2

범어 사전

S-E 817

대일

大日經字輪品云

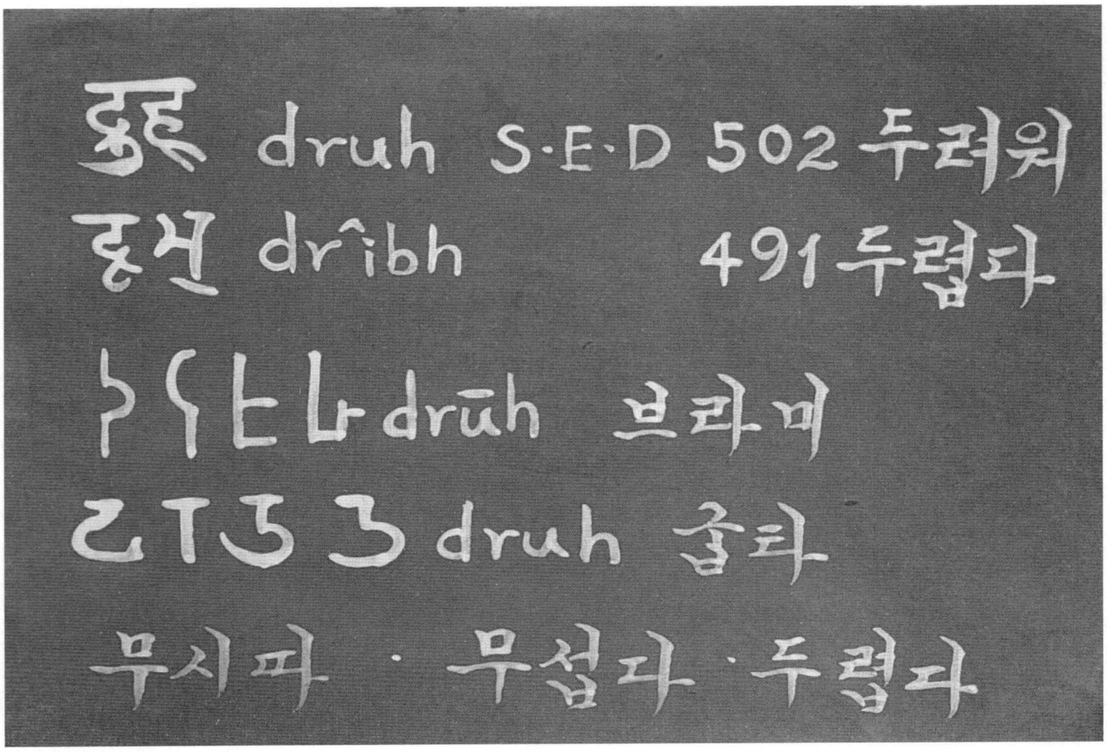

द्रुह् druh S·E·D 502 두려워

दृभ् drîbh 491 두렵다

drūh 브라미

druh 줄타

무시따 · 무섭다 · 두렵다

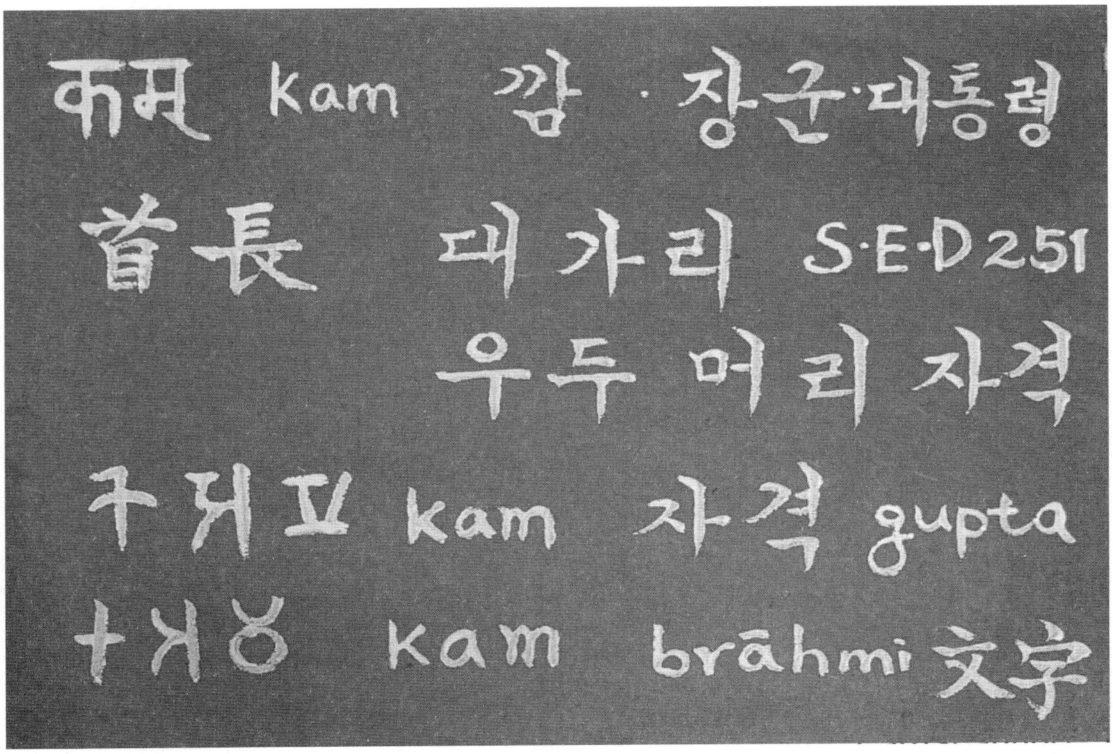

कम् kam 깜 · 장군 · 대통령

首長 대가리 S·E·D 251

우두 머리 자격

kam 자격 gupta

kam brāhmi 文字

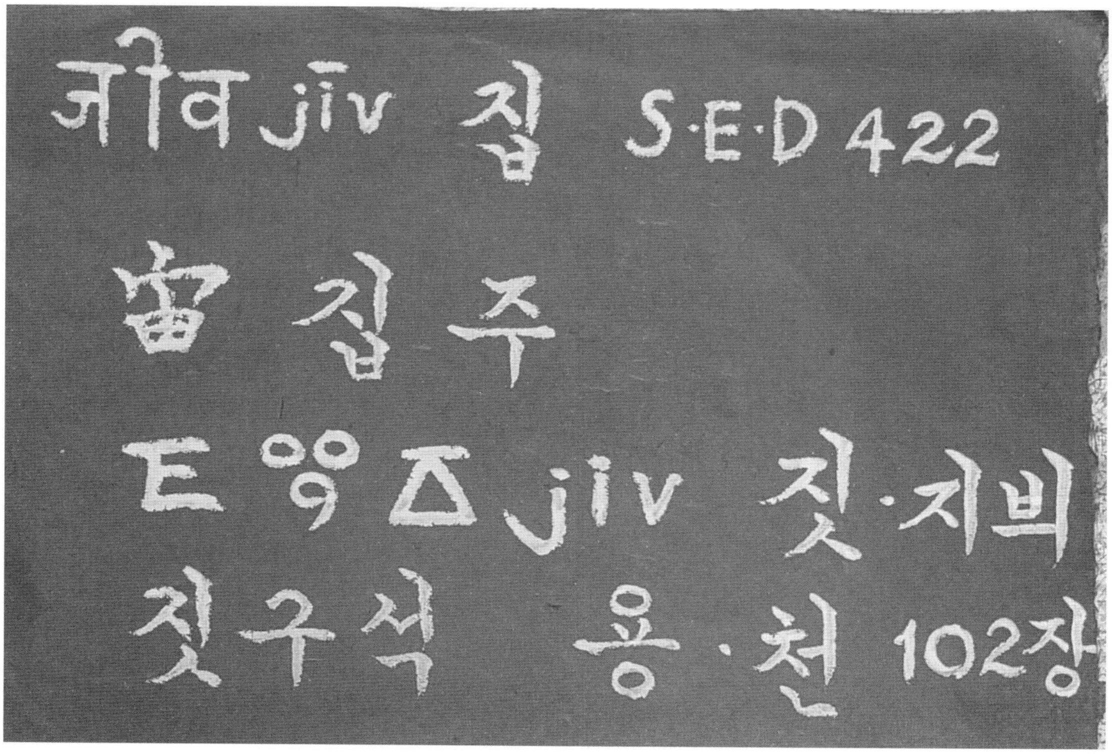

जीव jiv 집 S·E·D 422

宙 집주

ᄐ ᅌ ᅀ jiv 짓·지븨

짓구석 용·천 102장

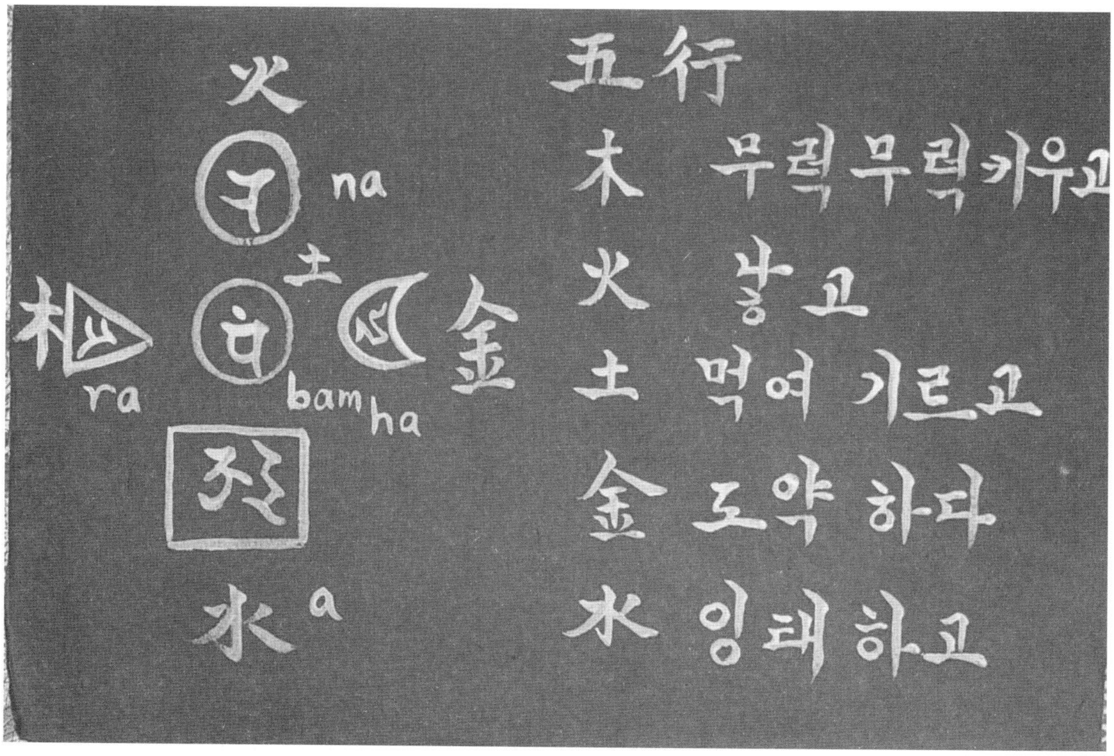

五行

木 무럭무럭키우고

火 낳고

土 먹여 기르고

金 도약하다

水 잉태하고

火

na

土

木 ra

bam

ha

金

水 a

वल् val 출발 · 발발거리다

S · E · D 617

वेहत् vehát 베다 · 배다

S · E · D 1019

새끼 배다, 임신하다

पानीय paniyam 파니얌

पाणि pāni 파니 샘파니 물이 난다

梵語雜名

水 विषय visaya 비새야 · 물새야

※ pani로 발음되는 단어는 水와 관련있다

파니 물이 콸콸 나오드라

唐梵文字 1221 · 범한대사전 837

nirvāṇa 니르바나. 이르다
죽음. 열반에 이르다

涅槃 열반

nirvaṇaṃ

梵和大辭典 nir-vāṇa
범한대사전

전운옥편 검을 녈 동국정운 빤 平聲

maitrī 마이뜨릐. 맞즈릐. 맞이하다

慈 자비로울 자. 사랑 자. 어머니 자

日本國의 도래인 맞이하는 행례

唐梵文字 maitrī 맞쯔릐

訓蒙字會 ᄌᆞ비로일 ᄌᆞ

新增類合 어여비 너길 ᄌᆞ

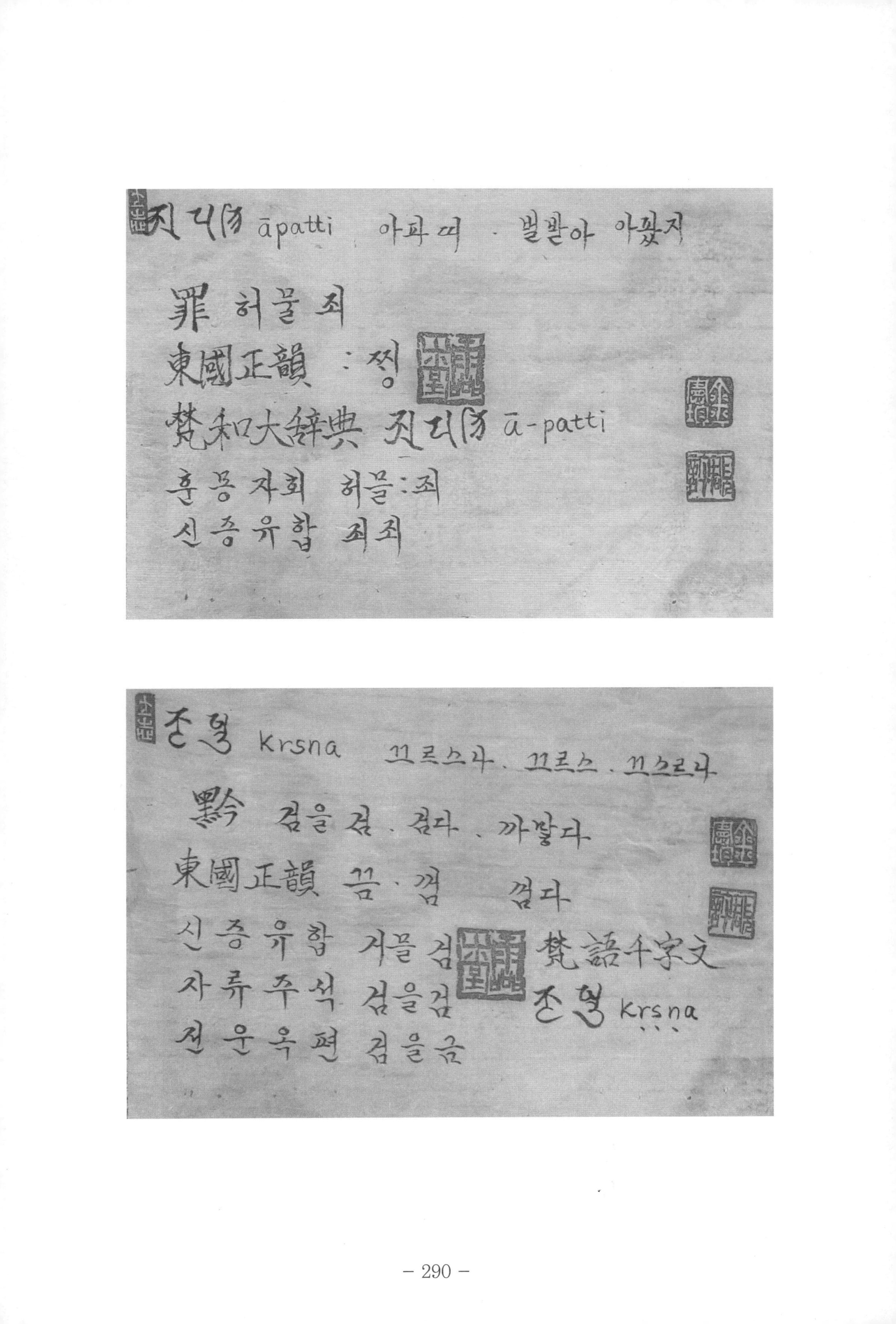

āpatti 아파띠 · 발밭아 아팣지

罪 허물 죄

東國正韻 : 쬥

梵和大辭典 ā-patti

훈몽자회 허믈:죄

신증유합 죄죄

Krsna 끄르스나 · 끄르스 · 끄스르나

黔 검을 검 · 검다 · 까맣다

東國正韻 끔 · 껌 껌다

신증유합 거믈 검

자류주석 검을검

전운옥편 검을금

梵語千字文 krsna

·물 水 물수 . 물나디 . 나디

河 물히 海人 믈이여 오나늘 월·인 上 13

[illegible] nadi 나디 물나디

大日經字輪品云

[illegible] nadi 나디 ※물가래 → 물갈래

[illegible] gupta 文字 ※믈가리 → 水派

식미 기픈 므른 용비어 천가 2章

[illegible] matā 마따 . 어미

mather 마더 · 엄마

母 어미 모

·어·미 석보상절 6:1

훈몽 上 31

父 아부 삼강오륜 1:62

아부지 [illegible] pitā Ab 아브

벗(친구) bud 美구어 벋
but 속어 친구·벋·벗
友 벗우 청구영언·한청 5:42

gash 가시(각시·여자), 아내

女 계집녀 ·녀·ᄌᆞ 월인석보 1:8
女人 여인 가례 2:23

靈山堂

金許均